安徽财经大学服务安徽经济社会发展系列研究报告

安徽产业发展指数研究报告 2017

——皖北战兴产业发展

胡登峰　等著

合肥工業大學出版社

图书在版编目(CIP)数据

安徽产业发展指数研究报告 2017:皖北战兴产业发展/胡登峰等著. —合肥:合肥工业大学出版社,2017.5

ISBN 978-7-5650-3338-4

Ⅰ.①安… Ⅱ.①胡… Ⅲ.①产业发展—研究报告—安徽—2017 Ⅳ.①F127.54

中国版本图书馆 CIP 数据核字(2017)第 081352 号

安徽产业发展指数研究报告 2017

——皖北战兴产业发展

胡登峰　等著　　　　责任编辑　陆向军　刘　露

出　版	合肥工业大学出版社	版　次	2017 年 5 月第 1 版
地　址	合肥市屯溪路 193 号	印　次	2017 年 5 月第 1 次印刷
邮　编	230009	开　本	710 毫米×1010 毫米　1/16
电　话	综合编辑部:0551-62903028	印　张	12.25
	市场营销部:0551-62903198	字　数	165 千字
网　址	www.hfutpress.com.cn	印　刷	合肥现代印务有限公司
E-mail	hfutpress@163.com	发　行	全国新华书店

ISBN 978-7-5650-3338-4　　　　定价: 36.00 元

编 委 会

总序

安徽财经大学科研工作始终坚持立足安徽做学问、服务安徽出成果，特别重视立足地方和行业需求构建多层次智库平台。2009 年，为了更好地服务合芜蚌综合配套改革试验区的建设，我校成立了合芜蚌自主创新与区域经济发展研究中心；2010 年，为了更好地服务安徽省委、省政府的重大决策，更多更快地获取政策信息，成立了合肥研究院；2011 年，为了服务“振兴皖北”的发展战略，成立了皖北发展研究院；2012 年，为了服务安徽宏观运行和发展战略，成立了校级安徽经济预警运行与发展战略协同创新中心，2014 年，该中心被批准为省级协同创新中心；2013 年底，为增强科研与社会服务能力，主动服务安徽经济社会发展，我校成立了安徽经济发展研究院；2014 年，成立了现代服务业研究中心和徽商研究中心等智库建设平台；2015 年，我校依托安徽经济社会发展研究院申报的“安徽经济社会发展研究中心”项目获准安徽省教育厅智库项目立项建设。这些平台优化了资源配置，聚合了科研力量，鼓励和引导教师围绕安徽省委、省政府的重大发展战略选题，深入研究安徽经济社会发展中的重点、热点和难点问题，着力破解制约安徽经济社会发展的重大理论和现实问题，为学校建设特色鲜明的地方高水平财经大学提供了有益的智力支持，并取得了较为丰硕的成果，积累了丰富的经验。

近年来，安徽经济发展研究院围绕安徽经济社会发展中的重大理论与实践问题以及相关学科发展前沿问题，采取专兼职结合的方式吸纳各方专家和学者组成研究团队，通过拓展成果转化的渠道，为安徽省政府部门及企业提供政策建议和决策咨询服务。研究院在安徽经济运行与发展战略、发展规划与政策评价、淮河流域资源与环境等方面已形成系列研究成果和一定影响，力争成为安徽重要的财经智库。

一是安徽经济发展研究院成功入选安徽省十大重点智库。为加快推进安徽省新型智库建设，着力打造一批党政急需、特色鲜明、制度创新、引领发展的专业化高端智库，根据中共安徽省委办公厅、安徽省人民政府办公厅《关于加强安徽新型智库建设的实施意见》精神，安徽省委宣传部开展了安徽省重点智库和重点培育智库评选工作。经过单位申报、专家评审，评选出省重点智库10家，省重点培育智库5家，我校安徽经济发展研究院被评为安徽省重点智库。该智库重点围绕安徽省经济社会发展的重大问题和重要决策，聚焦安徽区域经济、产业发展、财政金融、精准扶贫、生态环境、公共管理、创新创业及民营经济、对外开放等重点研究领域，为安徽省委、省政府和相关政府部门科学决策提供咨询服务。

二是安徽经济发展研究院成功入围中国智库索引首批来源智库，并获大学智库指数排名普通高校第一名。中国智库索引（CTTI）来源智库名录是从全国2000多家智库机构评审出489家，包含党政部门智库、社科院智库、党校行政学院智库、高校智库、军队智库、科研院所智库、企业智库、社会智库、传媒智库九大类。其中，CTTI大学智库指数分“985”高校、“211”高校和普通高校三类，我校在普通高校排名中位居首位。此次评比结果既肯定了我校智库建设的成绩，也为今后的智库建设指明了方向，将会对我校的学术声誉和服务社会能力起到积极的促进作用。

三是安徽经济发展研究院精准扶贫研究取得系列成果。安徽省政协邀请我校智库派4人参加安徽省委、省政府、省政协重点协商课题“坚决打赢脱贫攻坚战”课题组。为此，我校选派和组织师生组成17个调研组对安徽省部分县区脱贫攻坚工作进行了专题调研；应省扶贫办的委托，我校组织有关老师和学生承担了全省脱贫攻坚第三方评估皖北15个县市的评估任务，评估报告受到省扶贫办的充分肯定；首次接受省扶贫开发工作领导小组的安排，我校组织850余名师生完成脱贫监测评估工作；此外，四篇扶贫政策建议获得省领导批示；特别是因在精准扶贫研究上取得系列成果，在省政协“坚决打赢脱贫攻坚战”专题协商会上，我校3篇政策建议在大会上作了交流。

安徽经济发展研究院公开出版发行的我校服务地方经济社会发展的研究报告——《安徽经济发展报告》已连续发布12年，每年在合肥举办系列研究报告新闻发布会，安徽省委、省政府相关部门及部分省属高校的领导专家出席，40多家国家、省、市媒体进行了跟踪报道。通过十多年连续发布，系列研究报告在省内外已形成一定影响，成为安徽省委、省政府相关部门决策的参考依据。

特别是2016年，举办两次研究成果新闻发布会，媒体影响力实现新的突破；同时，政策影响力实现突破，在系列研究报告基础之上形成的政策建议多次引起政府部门的关注；多篇政策建议被安徽省经济发展研究中心主办的《决策》杂志，《安徽日报》，安徽省环保厅主办的《绿色视野》杂志，安徽省委教育工委、省教育厅主办的高校智库专刊《高校专家建言》选用。

2017年，在安徽经济预警运行与战略协同创新中心给予经费的支持下，安徽经济社会发展研究院策划组织研究力量编写的系列报告又如期出版。2017年新增《安徽农村普惠金融发展研究报告》。

纵观这些报告可以看出，报告的组织者与撰写者都付出了辛勤的劳动和不懈的努力。当然，我们也清醒地认识到，报告也还存在这样或那样的缺点，与政府部门领导和社会各界对我们的期望还有相当大的差距，我校应当也有可能在智库建设方面做得更多、更好。我们坚信，只要坚持走下去，在社会各界的关心和帮助下，系列研究报告一定会越做越好！我校的智库建设也将结出更多的硕果！

安徽财经大学校长　丁忠明

2017年3月20日

新时期，党中央、国务院仍然高度重视促进中部地区崛起工作。习近平总书记强调，要坚持稳中求进的工作总基调，紧紧围绕中部地区崛起，深化改革、发挥优势、创新思路、统筹兼顾。李克强总理指出，中部地区发展潜力巨大，要抓住战略机遇，充分发挥自身优势，提高经济增长的质量和效益，在改革创新和结构优化中实现崛起，为我国经济保持中高速增长、迈向中高端水平做出新贡献。为进一步推动中部地区崛起，加速中部地区发展，2016 年 12 月国务院通过的《促进中部地区崛起“十三五”规划》，明确了中部地区的繁荣发展，事关我国改革开放和现代化建设全局，事关中华民族伟大复兴中国梦的实现。2016 年 12 月，省委书记李锦斌深入宿州、亳州、阜阳调研指导工作，他强调要按照省第十次党代会的决策部署，坚定不移以新发展理念引领发展全局，一心一意谋发展，聚精会神抓党建，奋力把皖北地区打造成全省发展新的增长极。2016 年 11 月李国英参加亳州代表团审议时强调：发挥优势聚焦短板，推动皖北更好发展。“皖北十三五规划”中明确了要培育后发优势，主动融入国家区域发展战略，走出一条皖北崛起的新路。

随着国家深入实施中部崛起战略，特别是安徽省皖北振兴发展战略实施，皖北已经拥有历史上最好的机遇，发展速度明显加快，城乡人民生活水平稳步提高，整个社会呈现蓬勃发展生机。皖北“十二五”期间GDP年均增长10.2%，2016年，皖北6市实现地区生产总值增长8.2%。皖北6市GDP增速除了淮南、淮北分别只有6.6%、5%以外，其他4市增速全部高于全省增速，其中蚌埠以9.4%的增速名列安徽第三，宿州以9.1%的增速名列安徽第五，同时阜阳增速9%、亳州增速8.9%，也均高于安徽省平均增速8.7%。

当前皖北6市都已经在区域发展中找到自己的抓手，蚌埠市借助合芜蚌自主创新示范区和衔接两大城市群有利时机，谋划和建设“双中心城市”；淮南加快与合肥都市圈融合发展，构筑沿淮经济发展带；阜阳市以泉河和淮河为依托，大力发展绿色经济，力推现代农业发展示范带和沿淮城市发展示范带；宿州以云计算为产业突破方向，加大高新技术产业引入，同时做好产业转型升级，着力建设京沪沿线重要节点城市；淮北围绕铝基新材料和煤炭产业做文章，在希望做大铝基新材料产业突破的同时，着力推动煤炭产业转型升级；亳州中医药产业特色鲜明，在做好规模基础上，大力构建产业链，提升“中华药都”城市品牌和健康产业品牌，着力打造为中原城市群文化品牌输出城市、特色产业鲜明城市和区域中心城市。目前，皖北地区已逐渐走出“产业不鲜明、产城脱节、不均衡发展”困境，实现跨越式发展，皖北地区已经站在了一个崭新的发展起点上。但是，当前世界经济依然低迷，美国、欧洲包括亚洲区域性国家带给世界的依然有诸多不确定性，国内经济新常态下的“L”型长期趋势，皖北地区如何发现机遇，加强合作、改革和创新，将皖北地区带入加速崛起、全面崛起的新阶段是非常关键的。

如何改革创新作为“四化”同步发展重要抓手，突出创新在皖北发展中地位，激发市场主体活力和社会创造力，加快实现新旧动能转换，为皖北经济社会发展提供持续动力，一直是我们思考和关注的重要问题。我们提出要“打造世界型制造基地，促进皖北绿色崛起”发展方向，主要立足于现有发展环境，同时注意到皖北已经具备了这样的基础条件。另一方面如何深入实施《中国制造2025》，促进皖北地区制造业向高端、智能、绿色、服务、集群方向发展，如何培育战略性新兴产业，加快形成引领皖北经济社会发展、具有皖北地区特色的产业体系，对皖北区域经济发展来说至关重要。

我们也注意到，皖北产业发展和创新力量在实践中还有很多问题，整个皖北发展的环境依旧存在多方面挑战。但现有的产业发展水平和各种迹象表明，皖北拥有制造业发展的优势已经逐渐显现。

本报告针对皖北发展，集中提出了皖北要打造世界型制造业基地这一主题。为此，在2016至2017年研究院进行了密集调研，通过对比研究、理论概括和案例解析，系统地提出为什么要打造世界型制造基地、有什么优势和存在什么问题，并结合皖北产业发展实际，提出了世界型产业基地打造的可能路径。

本报告虽然立足于皖北，但是今年一个创新地方是结合安徽省供给侧改革和五大行动计划，提出安徽省产业发展指数，并就各个地市发展，做了排名工作。未来我们将进一步完善这项排名工作，希望通过比较发现问题，找出差距。

作为我院年度报告，我们力求内容翔实、方法科学、研究精准、目标明确。为了保证研究和报告的延续性，未来我们继续做好课题研究的同时，将加大报告撰写力度。同时希望皖北发展报告在大家的支持和参与下，成为研究成果发布平台、学习交流平台、研究探讨平台和政策咨询平台。本报告作为智库成果之一，除了纸质报告以外，我们将通过皖北网（http：//www.anhuiwb.org/）向外公开。

本报告的研究得到安徽省发改委和皖北办的大力支持，得到安徽财经大学的大力支持。丁忠明、陈忠卫、周加来、张庆亮等校领导给予了皖北发展研究报告各种指导，并亲自过问本报告撰写工作。皖北各个地市有关领导也亲自过问报告撰写情况，并为本报告提供了多种帮助。希望通过本研究报告编写，凝练队伍，加强对皖北研究，提高对皖北经济社会问题分析，为省委省政府决策献计献策，为地方经济发展贡献力量。感谢各位撰写人员为本报告最终面世倾注心血。在此，特对他们辛勤劳动表示崇高的敬意和衷心感谢！

胡登峰

安徽皖北经济社会发展研究院

2017年4月26日

MU LU 目录

第一篇

安徽产业发展指数及地区比较分析

第一章 安徽产业发展指数及皖北地区比较分析

安徽省“十三五”发展目标中第一项目标是产业结构优化目标，“三次产业结构进一步优化为 8.5∶50∶41.5，产业迈向中高端水平，农业现代化取得明显进展，先进制造业加快发展，高新技术产业增加值占规模以上工业的比重不断提升，新产业新业态不断成长，服务业比重稳步上升，形成一批在国内外有重要影响力的战略性新兴产业集聚发展基地”。另一方面，安徽省全面建成小康社会，首先需要经济发展上台阶，安徽省脱贫攻坚任务完成，也需要产业作为支撑。由于各个地方地理、历史和产业发展等情况存在差异，安徽省各个地市产业发展存在较大差异化，如何评价这种差异，并能够为各地围绕产业结构优化提供尺度和检验标准。我们在总结其他评估办法的基础上，提出了安徽省产业发展指数概念，并通过安徽省产业发展指数进一步衡量和评估各地产业发展，期望为地方政府决策和投资提供指导。

第一节 绪 论

2017 年是安徽省全面实施五大发展行动计划的进取之年。五大发展行动计划的实施需要坚持问题主导、精准发力、市场主导，落实落准重大产业布局发展。安徽省具备居中靠东、沿江通海、“左右逢源”的独特区域优势，产业发展大有可为。2016 年，安徽生产总值增长 8.7%，居全国第 6 位；规模以上工业增加值增长 8.8%，居全国第 5 位；固定资产投资增长 11.7%，居全国第 12 位；财政收入增长 9%；城镇、农村居民人均可支配收入分别增长 8.2%、8.3%。在安徽省主要指标增幅好于预期、领先中部、快于全国的良好发展局势下，如何根据安徽自身产业特点以及大力推进新兴战略性产业发展的背景，提出适合安徽省的区域产业发展指数评价体系，对于发现安徽各地市的产业环境、产业优劣势，提高产业决策的科学性具有重要意义。

区域主导产业的选择与确定作为产业结构合理化和高级化的衡量标准，对经济发展具有关键作用，高效益、优势强的主导产业能推动产业群向高效率方向迈进。一些学者如孙振华等采用产业发展指数选择出辽宁省五大区域主导产业①，再如李琳等采用产业发展指数的评价方法对全国区域绿色产业发展进行动态比较②，都是科学衡量某一区域产业发展水平对产业结构升级所提供的重要战略参考。

因此，在参考相关研究成果基础③上，本节所指的区域产业发展综合指数主要用来衡量地区产业所具有的综合运用当地生产要素获得最大效益的能力，主要强调某一地区各产业在国内经济、科技、投资中的地位，所达到的科技水平和经济发展状况，它除了强调产业效益最大化外，还强调产业对地区生产要素的综合利用能力。在区域产业概念定义基础上，本着客观性、可行性、可比性的原则，构建安徽省16地市区域产业发展指数评价体系（表1-1），对安徽省各地市区域产业发展指数进行评价分析。

表1-1 安徽16地市区域产业发展指数评价体系

一级指标	二级指标	三级指标	备注
产业发展环境（z1）	政府服务能力与水平（y_1）	财政自给率	地方财政一般预算内收入与地方财政一般预算内支出的比值
		财政收入占GDP比重	指剩余产品的政府集中水平，可以反映政府经济调控的能力
		每十万人公安机关刑事案件立案数	属于逆指标，需要在评价时进行转换
	市场发育程度（y_2）	税收收入占地方财政收入比重	表现政府的经济退出程度
		外资投资占全社会固定资产比重	表示区域产业的对外开放度
		民营投资占全社会固定资产比重	指全社会固定资产投资中扣除国有、外资部分的余额，其比重可以反映出民营经济参与经济发展的强度，与市场化程度密切相关

① 孙振华．基于产业发展指数的区域主导产业选择研究——以辽宁省为例［J］．兰州学刊，2014(02)：130－135.

② 李琳，楚紫穗．我国区域产业绿色发展指数评价及动态比较［J］．经济问题探索，2015，(01)：68－75.

③ 参考包括中国人民大学文化创意产业研究中心提出的文化产业发展指数、中国统计学会提出的综合发展指数等指数评价体系的建立原则、指标选取标准等．

（续表）

一级指标	二级指标	三级指标	备　注
产业发展环境（z_1）	市场发育程度（y_2）	非国有银行贷款占全部贷款比重（存贷率）	指四大国有银行之外的大量的外资、股份制银行、信用社等提供的贷款能达到的比重，这是从投资经济成分构成上的分析
	资源利用程度（y_3）	人均水资源消耗（人均用水量）	主要着眼于水资源节约角度，树立节水意识
		人均能耗（单位地区生产总值能耗）	折算为标准煤，主要着眼于能源节约使用
		人均废水排放	主要考虑对生态环境、人居环境的保护作用
		人均废气排放	要着眼于生态环境、人居环境的保护
		人均固定废物排放（固体）	主要考虑对生态环境、人居环境的保护
	基础设施（y_4）	每平方公里一级以上公路的比重（或者考虑公路密度指标）	一级以上公路里程占辖区土地面积的比例（可考虑二级及以上）
		单位面积客运周转量	反映区域人流的输送能力
		单位面积货运周转量	反映区域物流的输送能力
		开发区业务总收入占GDP比重（工业总产值/工业销售产值）	安徽省开发区点多面广，由于开发区投资创业环境较好，企业往往易形成集聚，使企业成长较快
产业发展水平（z_2）	产业规模指数（y_5）	地区生产总值	区域内一年经济活动的总成果，规模大，说明市场容量大，产业发展的机遇也大
		第二、第三产业从业劳动力人数	反映从事非农产业的劳动力投入规模
		金融机构贷款余额	反映金融机构对产业发展所起的促进作用
		全社会固定资产投资总额	反映为推动区域经济发展，社会各方所投入的资金规模
	结构指数（y_6）	工业总产值占GDP比重	反映区域的工业化水平
		外资工业产值占规模以上工业总产值比重	反映区域工业的开放度。外资进入对安徽省制造业发展起到积极推动作用

（续表）

一级指标	二级指标	三级指标	备　注
产业发展水平（z_2）	结构指数（y_6）	新产品销售收入占总收入比重（主营业务收入）	指规模以上工业销售收入中新产品销售所占的比重，主要反映制造业的产业更新情况
		高新技术产业增加值占工业增加值比重	高新技术产业主要包括航空航天制造业、计算机及办公设备制造业、电子及通信设备制造业、医药制造业、专用科学仪器设备制业、电气机械及设备制造业和新材料制造业
	效益指数（y_7）	总资产贡献率	反映企业全部固定资产、流动资产投入给国家和企业带来的净收益
		成本费用利润率	表明每付出一元成本费用可获得多少利润，体现了经营耗费所带来的经营成果
产业发展能力（z_3）	人力资本指数（y_8）	研究与试验发展人员（R&D人员数量）	表示企业从事研究和新产品开发的技术人员
		企业法人数	二、三产业法人单位数，表示企业家规模
		平均受教育年限	衡量了教育水平和全民素质
		全部教育经费支出占GDP比例	体现了教育投入强度
	技术进步指数（y_9）	R&D经费占GDP比例	表示产业创新水平
		企业研发经费与政府研发经费比例	反映企业自主创新的主动性
		R&D人员人均创造的新产品销售收入	反映企业开展科技成果转化的绩效
		大中型企业技术开发费占产品销售收入比例	企业在科技成果转化上的投入，决定了产业科技转化的水平
		发明专利申请数	反映一定时期科技成果数量
	经济集约化程度指数（y_{10}）	单位面积工业增加值	反映辖区土地面积单位产出贡献水平
		单位面积税收水平	反映辖区土地面积单位贡献利税水平
		万元产值废水排放	反映水资源消耗水平
		万元产值废气排放	反映工业废气治理水平
		万元产值固体废弃物排放	反映固体废物循环利用能力

第二节　安徽区域产业发展指数构成

本指数评价体系由三级指标构成：一级指标由产业发展环境、产业发展水平和产业发展能力 3 个部分组成；二级指标由政府服务能力与水平、市场发育程度、基础设施、资源利用程度、产业规模、结构指数、效益指数、人力资本水平、技术进步指数、经济集约化程度等 10 个方面的指数组成；三级指标则由二级指标所属的共计 40 个指标组成。

一、产业发展环境

产业发展环境，即影响产业发展的外部环境。影响区域产业发展的环境因素很多，如政治环境、社会环境、自然环境、经济环境等，本节专指影响产业发展的外部经济环境，具体从政府服务能力与水平、市场发育程度、资源利用程度、基础设施等 4 个方面进行评价。

1. 政府服务能力与水平：主要反映区域政府为产业所提供的服务能力与服务水平，包括财政自给率、财政收入占 GDP 比重、每十万人公安机关刑事案件立案数等三级指标。

（1）财政自给率：指地方财政一般预算内收入与地方财政一般预算内支出的比值，财政自给率是判断一个区域发展健康与否的重要指标。

（2）财政收入占 GDP 比重：指剩余产品的政府集中水平，可以反映政府经济调控的能力。

（3）每十万人公安机关刑事案件立案数：经济建设离不开良好的治安秩序，长期以来，江、浙、沪三地经济快速发展，其中值得关注的是，良好的社会治安长期位居全国前列，使创业者能安心创业。这个指标属于逆指标，需要在评价时进行转换。

2. 市场发育程度：主要用于反映区域市场化进程，具体从资金投入结构、成果产出结构以及中介单位的密集程度来反映。

（1）税收收入占地方财政收入比重：税收占财政收入的比重表明政府是更多地作为社会经济的管理者，还是更多地作为国有资产的直接经营者，这是一个替代指标，表现政府的经济退出程度。

（2）外资投资占全社会固定资产比重：外资指报告期收到的用于固定资产建造和购置投资的境外（含港澳台）资金（包括设备、材料、技术在内），其比重可以表示区域产业的对外开放度。

（3）民营投资占全社会固定资产比重：指全社会固定资产投资中扣除国有、外资部分的余额，其比重可以反映出民营经济参与经济发展的强度，与市场化程度密切相关。

（4）存贷率：是指将某一地区银行的贷款总额与存款总额进行对比。适当提高贷款利率能够平衡资本供需。该比率越高，表明负债对应的贷款资产越多，该地区的资产流动性就越低。

3. 资源利用程度：具体从土地、能源、“三废”排放的角度考虑。

（1）人均用水量：主要着眼于水资源节约角度，树立节水意识。

（2）单位地区生产总值能耗：即折算为标准煤，主要着眼于能源节约使用。

（3）人均废水排放：主要考虑对生态环境、人居环境的保护。

（4）人均废气排放：主要着眼于生态环境、人居环境的保护。

（5）人均固定废物排放：主要考虑对生态环境、人居环境的保护。

4. 基础设施：主要用于衡量区域间能直接促进产业发展的生产性服务业的载体以及产业聚集地开发区的贡献。具体从交通设施、信息传输、运输、开发区作用等几个角度衡量。

（1）公路密度：产业发展，交通运输要先行，现行最主要的条件就是公路运输。

（2）单位面积客运周转量：反映区域人流的输送能力。

（3）单位面积货运周转量：反映区域货物运输能力，安徽省港口吞吐量占有一定份额。

（4）开发区工业总产值比工业销售产值：安徽省开发区点多面广，由于开发区投资创业环境较好，企业往往易形成集聚，使企业成长较快。

二、产业发展水平

产业发展水平，指产业自身的发展能力，从产业规模、结构指数、效益指数三个方面来衡量。

1. 产业规模：主要反映区域内投入与产出规模，规模不同，产业溢出效应也不同。主要包括经济总量、劳动力、资金等。

（1）地区生产总值：区域内一年经济活动的总成果，规模大，说明市场容量大，产业发展的机遇也大。

（2）第二、第三产业从业劳动力人数：反映从事非农产业的劳动力投入规模。

（3）金融机构贷款余额：反映金融机构对产业发展所起的促进作用。

（4）全社会固定资产投资总额：反映为推动区域经济发展，社会各方所投入的资金规模。

2. 结构指数：表示区域产出结构优化状况，主要包括反映第二、第三产业优化的几个代表指标。

（1）工业总产值占 GDP 比重：反映区域的工业化水平。

（2）外资工业产值占规模以上工业总产值比重：反映区域工业的开放度，外资进入对安徽省制造业发展起到积极推动作用。

（3）主营业务收入：指规模以上工业销售收入中新产品销售所占的比重，主要反映制造业的产业更新情况。

（4）高新技术产业增加值占工业增加值比重：根据国家标准分类，高新技术产业主要包括航空航天制造业、计算机及办公设备制造业、电子及通信设备制造业、医药制造业、专用科学仪器设备制造业、电气机械及设备制造业和新材料制造业，主要反映产业结构优化升级水平。

3. 效益指数：反映产业的经营管理水平。从投资回报、生产成本和劳动效率的角度进行衡量。

（1）总资产贡献率：反映企业全部固定资产、流动资产投入给国家和企业带来的净收益。

（2）成本费用利润率：表明每付出一元成本费用可获得多少利润，

体现了经营耗费所带来的经营成果。该项指标越高，反映企业的经济效益越好。

三、产业发展能力

产业发展能力，反映产业转型升级的能力。主要从区域产业的人才、劳动力素质、研发性投入产出以及产业能耗控制水平等角度来衡量。包括人力资本水平、技术进步指数和经济集约化程度。

1. 人力资本水平：表示区域提高产业竞争力在人才的培养、使用和投入的情况。

(1) 研究与试验发展人员（R&D人员数量）：表示企业从事研究和新产品开发的技术人员。企业产品技术含量越高，科技人员所占的比重往往越高。

(2) 企业法人数：是第二、第三产业法人单位数，表示企业家规模。

(3) 平均受教育年限：衡量了教育水平和全民素质。

(4) 全部教育经费支出占GDP比例：体现了教育投入强度。

2. 技术进步指数：反映研发投入、产出能力以及企业自主创新的能力。

(1) R&D经费占GDP比例：表示产业创新水平。

(2) 企业研发经费与政府研发经费比例：反映企业自主创新的主动性。

(3) R&D人员人均创造的新产品销售收入：反映企业开展科技成果转化的绩效。

(4) 大中型企业技术开发费占产品销售收入比例：反映企业在科技成果转化上的投入，决定了产业科技转化的水平。

(5) 发明专利申请数：反映一定时期科技成果数量。

3. 经济集约化程度：反映产业发展模式的转变，具体从资源消耗、环境保护的角度考虑。

(1) 单位面积工业增加值：反映辖区土地面积单位产出贡献水平。

(2) 单位面积税收水平：反映辖区土地面积单位贡献利税水平。

(3) 万元产值废水排放：反映水资源消耗水平。

（4）万元产值废气排放：反映工业废气治理水平。

（5）万元产值固体废弃物排放：反映固体废物循环利用能力。

区域产业发展指数的评价方法有很多，主要分为主成分分析法、因子分析法、层次分析法、模糊综合评价法、灰色关联度分析法、数据包络分析法等，本节采用主成分分析法对安徽省各地市区域产业竞争力进行测度。

利用主成分法进行测定区域（城市）产业竞争力的基本步骤是：

设有 m 个区域，n 个评价指标，则矩阵即为评价样本矩阵。

（1）将观测指标（变量）标准化，计算所有变量的相关矩阵。为把不同性质的指标进行综合，首先要对全部指标进行标准化（无量纲化）处理：$Z_{ij}=(X_{ij}-\mu_j)/\sigma_j$，其中：$i=1, 2, 3, \cdots, m$；$j=1, 2, 3, \cdots, n$；$X_{ij}$ 为第 i 个区域的第 j 个指标值；μ_j 为第 m 个区域的第 j 个指标均值；σ_j 为第 j 个指标的标准差；Z_{ij} 为第 i 个区域的第 j 个指标标准化后的数值。最后求出标准化矩阵 Z 的相关矩阵 R。

（2）提取主成分。通过计算 R 的特征值，并根据特征值根确定相应的特征向量，再计算特征根的累计贡献率。根据累计贡献率大于85%的原则，确定主成分的个数和相应的特征向量矩阵。

（3）计算各主成分得分值。主成分得分值是各个主成分在每个区域上的得分值。

（4）计算综合评价总得分值。综合得分的加权数则由每个主因子的信息贡献率确定，即每个综合指标的权重由它对综合评价的贡献率确定，其大小取决于指标之间的差异。总得分值越高，说明该区域竞争力越强；得分越低，说明该区域竞争力越差。

根据模型计算出的主成分得分，有一部分为负值，这里的负值并不表示被评价区域产业发展水平的真正含义，而是说明该区域的产业发展处于被评价区域的平均水平之下。主因子得分值为正值，说明该区域的产业发展位于平均水平之上。

第三节　安徽区域产业发展指数分析

依据以上评价体系，对相关指标进行数据收集，为了保证统计口径一致，本报告中涉及指标均在安徽省统计年鉴可查询，在数据标准化的基础上，采用 STATA 14.0 对数据进行主成分分析，得出安徽省各地市的指标值。以下分别从产业发展环境指数、产业发展水平指数、产业发展能力指数三个方面对安徽省各地市区域进行评价分析。

一、产业发展环境指数

产业发展环境指数下有政府服务能力与水平、市场发育程度、资源利用程度、基础设施 4 个二级指标，每个二级指标有其衡量的三级指标，先对三级指标进行得分评价，然后利用三级评价得分对二级指标进行评价，最后得出产业发展环境一级指标的综合得分。

输入三级指标标准化数据，按照累计贡献率大于 85%的原则提取主成分，得到关于产业发展环境的二级指标包括政府服务能力与水平、市场发育程度、资源利用程度、基础设施等指标值，再次提取主成分，得到产业发展环境的一级指标得分，如图 1-1 所示。

```
. pca y1 y2 y3 y4

Principal components/correlation                 Number of obs    =        16
                                                 Number of comp.  =         4
                                                 Trace            =         4
    Rotation: (unrotated = principal)            Rho              =    1.0000
```

Component	Eigenvalue	Difference	Proportion	Cumulative
Comp1	2.12646	1.15204	0.5316	0.5316
Comp2	.974428	.232671	0.2436	0.7752
Comp3	.741757	.584406	0.1854	0.9607
Comp4	.15735	.	0.0393	1.0000

Principal components (eigenvectors)

Variable	Comp1	Comp2	Comp3	Comp4	Unexplained
y1	0.5783	-0.4370	-0.2195	0.6530	0
y2	0.3355	0.8560	0.1955	0.3414	0
y3	0.4651	-0.2416	0.7947	-0.3063	0
y4	0.5803	0.1342	-0.5311	-0.6026	0

图 1-1 产业发展环境对构成要素指标的主成分载荷矩阵

按照图 1－1 显示的主成分载荷矩阵计算得出产业发展环境一级指标安徽省各地市的数据值，表 1－2 给出了产业发展环境及二级指标的得分与各地市排名。

表 1－2　安徽省产业发展环境及其二级指标得分与各地市排名

产业发展环境	排名	政府服务能力与水平	排名	市场发育程度	排名	资源利用	排名	基础设施	排名
1.7411	马鞍山	2.3498	铜陵	0.8448	芜湖	4.2705	马鞍山	1.6112	合肥
1.6359	铜陵	1.5595	淮北	0.6429	安庆	2.4535	铜陵	0.9422	铜陵
0.9741	淮北	1.0412	蚌埠	0.5382	马鞍山	1.6961	淮北	0.5419	安庆
0.4998	合肥	0.9658	合肥	0.4045	合肥	1.2248	淮南	0.4339	芜湖
0.4450	芜湖	0.8721	淮南	0.3603	宿州	0.9423	池州	0.3550	蚌埠
0.3753	淮南	－0.0184	黄山	0.3367	铜陵	－0.0713	芜湖	0.2087	淮北
0.1145	池州	－0.0406	安庆	0.2725	蚌埠	－0.2649	宣城	0.0819	马鞍山
0.1051	安庆	－0.0548	马鞍山	0.2025	亳州	－0.6623	滁州	0.0521	淮南
－0.0641	蚌埠	－0.0703	芜湖	0.1990	滁州	－0.7053	合肥	－0.1537	滁州
－0.2741	滁州	－0.4424	宣城	0.1553	淮北	－0.8816	安庆	－0.2295	宿州
－0.4631	宿州	－0.4658	池州	－0.0375	阜阳	－1.0987	阜阳	－0.3731	池州
－0.4833	宣城	－0.5480	滁州	－0.0430	宣城	－1.1691	宿州	－0.4402	六安
－0.8038	阜阳	－0.9306	宿州	－0.0971	池州	－1.2806	蚌埠	－0.5336	亳州
－0.8387	六安	－1.3088	六安	－0.1217	六安	－1.3035	六安	－0.6482	阜阳
－0.9007	亳州	－1.4353	阜阳	－0.4799	淮南	－1.4113	黄山	－0.6685	黄山
－2.0641	黄山	－1.4614	亳州	－3.1759	黄山	－1.7491	亳州	－1.1794	宣城

数据来源及处理：安徽省统计局及 STATA 14.0 处理结果。

表 1－2 显示了安徽省产业发展环境及其二级指标的得分值与排名，从产业发展环境来看，马鞍山、铜陵、淮北、合肥、芜湖是产业发展环境全省排名前 5 位的城市，表明其产业发展环境较好，而宣城、阜阳、六安、亳州与黄山是产业发展环境得分较低的后 5 名，注意这里得分结果为负值，表示其得分低于安徽省所有地市的平均水平，并不具备绝对值含义。从政府服务能力与水平指标来看，排在前 5 位的

是铜陵、淮北、蚌埠、合肥以及淮南，且这5个地市的政府服务能力与水平指标均为正值，高于安徽省平均地市水平，排在后5位的是滁州、宿州、六安、阜阳以及亳州，这些地市的政府服务还有待加强。从市场发育程度来看，安徽省市场发育程度较高的地市有芜湖、安庆、马鞍山、合肥、宿州等，市场发育程度较低的地市有淮南、黄山、六安等。从资源利用程度指数看，安徽省资源利用程度较高的地市有马鞍山、铜陵、淮北、淮南、池州等，资源利用程度较低的地市有宿州、蚌埠、六安、黄山、亳州等。从基础设施发展指数看，安徽省各地市基础设施发展情况较好的地市有合肥、铜陵、安庆、芜湖、蚌埠等地，主要集中在合芜蚌地区等，基础设施发展较差的地市主要有六安、亳州、阜阳、黄山、宣城等。整体来看，安徽省产业发展环境指标并没有明显的地域性，六安等皖西地区产业发展环境总体明显不如皖江地区，但是皖北地区如亳州、阜阳等地产业发展环境与宿州、蚌埠等地相比明显较差。皖江、皖南地区的产业发展环境总体可代表安徽省产业发展环境的中上游水平。

二、产业发展水平指数

表1－3显示了安徽省各地市的产业发展水平及其二级指标的得分与排名，从一级指标产业发展水平来看，安徽省产业发展水平较高的地市有合肥、芜湖、蚌埠、安庆、滁州等地，产业发展水平垫后的地市有亳州、宣城、淮南、池州、黄山等地。从产业规模指数来看，合肥、芜湖、阜阳、安庆、滁州等地的产业规模指数较高，而铜陵、淮北、淮南、池州、黄山等地的产业规模指数水平较低。从产业结构指数来看，淮北、合肥、铜陵、芜湖、蚌埠等地的产业结构指数水平较高，池州与马鞍山等地较为接近安徽省平均水平，阜阳、宿州、黄山、亳州等地产业结构指数在全省排名垫后。从效益指数来看，安庆、池州、亳州、蚌埠、阜阳等地市的效益指数排在全省前列，而黄山、淮北、马鞍山、铜陵等地效益指数在全省排名较低。与产业发展环境指标相似的是，安徽省产业发展水平在各地市并不具备明显的地域性特征，但是与产业发展环境指标在一些地市排名上具备一致性。

表 1-3 安徽省各地市产业发展水平及其二级指标得分与排名

产业规模指数	排名	产业结构指数	排名	效益指数	排名	产业发展水平	排名
6.500883	合肥	2.015253	淮北	2.503206	安庆	4.363033	合肥
1.075609	芜湖	1.838956	合肥	1.179773	滁州	1.238125	芜湖
0.493396	阜阳	1.639723	铜陵	0.7914166	亳州	0.3985281	安庆
0.154632	安庆	1.608373	芜湖	0.7843716	蚌埠	0.2498405	滁州
−0.14915	滁州	0.4166923	蚌埠	0.5651544	阜阳	0.1181978	蚌埠
−0.24197	宿州	0.1803598	滁州	0.2295463	芜湖	0.0426184	阜阳
−0.26773	马鞍山	−0.0896381	马鞍山	0.1060488	宿州	−0.1732863	淮北
−0.31248	六安	−0.5615574	池州	−0.0272132	宣城	−0.3013838	铜陵
−0.36602	蚌埠	−0.6247286	六安	−0.0538519	合肥	−0.4553619	马鞍山
−0.60673	亳州	−0.7117047	淮南	−0.0897651	池州	−0.4881722	宿州
−0.61805	宣城	−0.7415805	宣城	−0.4084955	六安	−0.4940604	六安
−0.75536	淮南	−0.7522247	安庆	−0.6266192	黄山	−0.5416944	亳州
−1.00888	铜陵	−1.046259	阜阳	−1.148776	淮北	−0.622743	宣城
−1.08534	淮北	−1.056977	宿州	−1.174351	马鞍山	−0.9864945	淮南
−1.39165	池州	−1.058584	黄山	−1.311951	淮南	−1.016704	池州
−1.4171	黄山	−1.063323	亳州	−1.318493	铜陵	−1.330662	黄山

数据来源及处理：安徽省统计局及 STATA 14.0 处理结果。

三、产业发展能力指数

表 1-4 是安徽省各地市产业发展能力及其二级指标的综合得分与排名情况。从产业发展能力指标来看，合肥市产业发展能力遥遥领先于其他地市，紧随其后的是芜湖市，产业发展能力指标得分也较高，产业发展能力水平较高的地市还有蚌埠、铜陵、马鞍山等地，产业发展能力较低的地市有淮南、池州、宿州、亳州、宣城等地。从人力资本指数看，安徽省人力资本指数较高的地市有合肥、芜湖、蚌埠及马鞍山、淮南等地，较低的有池州、宿州、阜阳、亳州等地。从技术进步指数来看，合肥地区的技术进步指数排在全省第 1，其他排在前列的地市有芜湖、铜陵、马鞍山等，技术进步指数得分较低的地市有六

安、黄山、宿州、亳州等地。

表 1-4 安徽省各地市产业发展能力及其二级指标得分与排名

人力资本指数	排名	技术进步指数	排名	经济集约化	排名	产业发展能力	排名
3.932295	合肥	1.908086	合肥	2.3677	合肥	4.153528	合肥
2.021346	芜湖	1.202941	芜湖	2.270203	宣城	2.263	芜湖
0.443479	蚌埠	0.826854	铜陵	1.966687	淮南	0.930476	蚌埠
0.137539	马鞍山	0.432877	马鞍山	0.719011	池州	0.512139	铜陵
0.111279	淮南	0.409285	蚌埠	0.498373	宿州	0.255351	马鞍山
−0.09684	滁州	0.402229	滁州	0.18494	亳州	0.149037	滁州
−0.29561	安庆	−0.17182	安庆	0.180621	马鞍山	−0.24558	安庆
−0.363	淮北	−0.22588	宣城	0.150886	六安	−0.4177	淮北
−0.56646	铜陵	−0.37642	阜阳	0.1255	阜阳	−0.70953	阜阳
−0.57373	宣城	−0.45467	淮南	0.05355	滁州	−0.78745	黄山
−0.64473	黄山	−0.47317	淮北	−0.01399	黄山	−0.79773	六安
−0.71275	池州	−0.47438	池州	−0.05451	安庆	−0.88614	淮南
−0.72498	宿州	−0.51657	六安	−0.15034	淮北	−0.92704	池州
−0.79537	阜阳	−0.76098	黄山	−1.06422	铜陵	−1.06978	宿州
−0.79766	六安	−0.85939	宿州	−1.22978	芜湖	−1.16267	亳州
−1.07915	亳州	−0.86123	亳州	−1.26605	蚌埠	−1.25921	宣城

数据来源及处理：安徽省统计局及 STATA 14.0 处理结果。

从整体来看，表 1-2、表 1-3、表 1-4 所反映的产业发展环境、产业发展水平、产业发展能力在安徽省各地市呈现出较为显著的正相关性，即，产业发展环境好的地市其产业发展能力和产业发展水平指标得分也比较高，而一些地市如宣城、黄山、亳州，其产业发展环境、产业发展能力、产业发展水平在安徽省均属于较低层次水平。图 1-2 是对安徽省各地市的产业发展环境、产业发展能力、产业发展水平进行综合主成分抓取的过程，3 个组成部分的特征值分别是 2.10218、0.818592、0.0792，其贡献率分别是 0.7007、0.2729、0.0264。按照累计贡献率大于 85%的原则进行计算，得到表 1-5 安徽省各地市区域产业发展指数综合得分。

```
Principal components/correlation                  Number of obs    =        16
                                                  Number of comp.  =         3
                                                  Trace            =         3
    Rotation: (unrotated = principal)             Rho              =    1.0000

    --------------------------------------------------------------------------
       Component |   Eigenvalue   Difference         Proportion   Cumulative
    -------------+------------------------------------------------------------
           Comp1 |      2.10218      1.28358             0.7007       0.7007
           Comp2 |      .818592       .73936             0.2729       0.9736
           Comp3 |     .0792321            .             0.0264       1.0000
    --------------------------------------------------------------------------

Principal components (eigenvectors)

    ------------------------------------------------------
        Variable |    Comp1     Comp2     Comp3 | Unexplained
    -------------+------------------------------+------------
              z1 |   0.3879    0.9131    0.1257 |          0
              z2 |   0.6377   -0.3643    0.6787 |          0
              z3 |   0.6655   -0.1831   -0.7236 |          0
    ------------------------------------------------------
```

图 1-2 对安徽省各地市的产业发展环境、产业发展能力、产业发展水平进行综合主成分抓取

表 1-5 安徽省各地市区域产业发展指数综合得分

区域产业发展指数	3.599	1.6472	0.987	0.8786	0.4056	0.2809	0.0934	0.006
地区	合肥	芜湖	铜陵	马鞍山	蚌埠	淮北	安庆	滁州
区域产业发展指数	−0.52	−0.697	−0.718	−0.879	−0.966	−1.019	−1.172	−1.91
地区	淮南	池州	阜阳	宿州	六安	宣城	亳州	黄山

数据来源及处理：安徽省统计局网站资料及 STATA 14.0 处理结果。

从表 1-5 来看，排在第 1 位是合肥市，其次有芜湖、铜陵、马鞍山、蚌埠等地，区域产业发展指数排名较后的地市有宿州、六安、宣城、亳州、黄山等，这与产业发展环境、产业发展水平、产业发展能力等指标的结果总体上是一致的。

表 1-6 是区域产业发展综合指数与各一级指标之间的相关性矩阵，从相关系数来看，产业发展环境与产业发展水平、产业发展能力的相关性不是特别高，但是与区域产业发展综合指数之间相关性较高；

产业发展水平和产业发展能力之间的相关性也较高，区域产业发展综合指数与所有一级指标之间的关联性较强。

表1-6 区域产业发展综合指数与各一级指标的相关性矩阵

	产业发展环境	产业发展水平	产业发展能力	区域产业发展指数
产业发展环境	1.0000	——	——	——
产业发展水平	0.2544	1.0000	——	——
产业发展能力	0.3986	0.9078	1.0000	——
区域产业发展指数	0.6642	0.8714	0.9379	1.0000

数据来源及处理：STATA 14.0 处理结果。

从安徽省各地市的区域产业发展指数综合结果中，可得到以下结论：

（1）马鞍山、铜陵、芜湖、安庆等皖江地区较六安、黄山、亳州等皖西、皖北地区的区域产业综合发展得分更高，且这些地市在产业发展环境、产业发展能力、产业发展水平等一级指标上也比皖北、皖西地区得分更高。

（2）合芜蚌地区，加上铜陵、马鞍山的区域产业发展指数排在前列，其产业发展环境等一级指标也排在全省前列。

（3）六安、亳州、阜阳、宣城等地的区域产业发展处于全省落后水平，其产业发展环境、发展水平都有待改善。

（4）滁州、池州、两淮等地市的区域产业发展综合得分处于全省中游水平，特别是滁州处于两大经济圈，从某种程度上应该在产业发展上更有建树，但相对于其他同类地区，仍有较大差距，池州在产业规模上需要进一步下功夫，两淮地区在产业转型方面有待提升。

第四节 皖北区域产业发展指数分析

一、皖北地区产业发展环境

表1-7反映了皖北地区各地市的产业发展环境及其二级指标的排

名与得分情况。从产业发展环境指标看，产业发展环境得分最高的是两淮地区，其次是蚌埠市，从地域分布上看，地理位置靠北的地区其产业发展环境较为落后，而越靠近淮河地区其产业发展环境则越好。政府服务能力与水平指标得分最好的地市是淮北市，其次是蚌埠市。淮南、宿州处于中间水平，而阜阳和亳州处于下游水平。从市场发育程度指数来看，宿州和蚌埠市处于皖北前列，其他地市次之。从资源利用程度指数来看，两淮地区的资源利用度高于皖北其他地市，这可能跟两淮丰富的煤矿等资源条件相关。从基础设施条件看，蚌埠及淮北等地的基础设施建设较好。综合各项产业发展环境指标，亳州、阜阳等地仍处于落后水平，不但落后于皖北地区，也落后于整个安徽省平均水平。

表 1-7　皖北地区产业发展环境及其二级指标排名与得分

政府服务能力与水平	排名	市场发育程度指数	排名	资源利用程度指数	排名	基础设施指数	排名	产业发展环境	排名
1.559547	淮北	0.360342	宿州	1.696125	淮北	0.3550616	蚌埠	0.97414	淮北
1.041233	蚌埠	0.2725424	蚌埠	1.224844	淮南	0.2087014	淮北	0.375363	淮南
0.8721073	淮南	0.2025183	亳州	−1.098743	阜阳	0.0521879	淮南	−0.06413	蚌埠
−0.9306494	宿州	0.1553228	淮北	−1.16914	宿州	−0.2295327	宿州	−0.46316	宿州
−1.435379	阜阳	−0.0375915	阜阳	−1.280661	蚌埠	−0.5336038	亳州	−0.80382	阜阳
−1.461445	亳州	−0.4799809	淮南	−1.749197	亳州	−0.6482058	阜阳	−0.90079	亳州

数据来源及处理：安徽省统计局及 STATA 14.0 处理结果。

二、皖北地区产业发展水平

表 1-8 反映了皖北地区的产业发展水平及其二级指标得分与排名情况。从产业规模指数来看，阜阳、宿州、蚌埠等地的产业规模指数要高于两淮地区和亳州。从结构指数看，则是两淮及蚌埠地区的结构指数水平高于阜阳、宿州等地。从效益指数来看，亳州超过皖北其他地区排名第 1，其次是蚌埠市，排名靠后的则有两淮等。综合产业发

展水平指标来看，蚌埠市的综合得分最高，其后依次是阜阳、淮北、宿州、亳州、淮南等。

表 1-8 皖北地区产业发展水平及其二级指标得分与排名

产业规模指数	排名	结构指数	排名	效益指数	排名	产业发展水平	排名
0.493396	阜阳	2.015253	淮北	0.791417	亳州	0.118198	蚌埠
−0.24197	宿州	0.416692	蚌埠	0.784372	蚌埠	0.042618	阜阳
−0.36602	蚌埠	−0.7117	淮南	0.565154	阜阳	−0.17329	淮北
−0.60673	亳州	−1.04626	阜阳	0.106049	宿州	−0.48817	宿州
−0.75536	淮南	−1.05698	宿州	−1.14878	淮北	−0.54169	亳州
−1.08534	淮北	−1.06332	亳州	−1.31195	淮南	−0.98649	淮南

数据来源及处理：安徽省统计局及 STATA 14.0 处理结果。

三、皖北地区产业发展能力

表 1-9 是皖北地区产业发展能力及其二级指标得分与排名情况，从人力资本指数看，蚌埠市、淮南市的人力资本指数程度高于皖北其他地市。从技术进步指数水平看，蚌埠、亳州等地市的技术进步指数较好，两淮次之，宿州和亳州等地市的技术进步指数程度较低。从经济集约化程度看，淮南、宿州、亳州等地的经济集约化得分较高。产业发展能力指标排名则依次是蚌埠、淮北、阜阳、淮南、宿州、亳州。亳州、宿州、阜阳等地区的产业发展能力依然需要大力提升，具体需要在人力资源建设、研发投入和环境保护等方面下功夫。

表 1-9 皖北地区产业发展能力及其二级指标得分与排名

人力资本指数	排名	技术进步指数	排名	经济集约化	排名	产业发展能力	排名
0.4434785	蚌埠	0.4092845	蚌埠	1.966687	淮南	0.9304762	蚌埠
0.1112787	淮南	−0.3764209	阜阳	0.4983734	宿州	−0.4176962	淮北
−0.3629991	淮北	−0.4546662	淮南	0.18494	亳州	−0.7095317	阜阳
−0.7249803	宿州	−0.4731688	淮北	0.1255	阜阳	−0.8861442	淮南

（续表）

人力资本指数	排名	技术进步指数	排名	经济集约化	排名	产业发展能力	排名
−0.7953671	阜阳	−0.8593872	宿州	−0.1503399	淮北	−1.06978	宿州
−1.079152	亳州	−0.8612276	亳州	−1.266047	蚌埠	−1.162669	亳州

数据来源及处理：安徽省统计局及 STATA 14.0 处理结果。

四、皖北区域产业发展指数

表 1－10 反映了皖北地区区域产业发展指数得分与排名情况。综合区域产业发展指数，对皖北 6 市的发展情况进行排名分析。

表 1－10　皖北地区区域产业发展指数得分与排名

区域产业发展指数	0.405624	0.280976	−0.52981	−0.71833	−0.87935	−1.17
排名	蚌埠	淮北	淮南	阜阳	宿州	亳州

数据来源及处理：安徽省统计局及 STATA 14.0 处理结果。

从区域产业发展指数看，皖北地区的产业发展指数排名依次是蚌埠、淮北、淮南、阜阳、宿州、亳州。蚌埠的区域产业发展走在整个皖北地区前列，其次，两淮地区的区域产业发展指数也较宿州、亳州等地较高。亳州、宿州等地市的区域产业发展指数排在全省的尾列。整体来看，皖北地区的区域产业发展指数水平处于全省中下游，大部分地市的产业发展指数都低于全省的平均水平。

五、皖北同苏北部分指标比较

苏北地区是指徐州、宿迁、连云港、淮安、盐城等 5 个地级市地区，位于江苏省北部，与皖北地区在地理位置上十分接近，经济发展水平也比较相似，目前苏北正抓住“一带一路”“长江三角洲地区区域规划”“振兴老工业基地”“苏北计划”“苏北中心城市建设”等国家级、省级战略，成为华东地区重要的经济增长极，因此将苏北地区的发展与皖北地区进行比较，对皖北下一步产业发展有较好的借鉴意义。表 1－11 是苏北地区与皖北地区部分指标情况比较，本数据来源于《安徽省统计年鉴 2016》《江苏省统计年鉴 2016》，所有数据均为 2015

年全年发展情况。

表 1-11 苏北地区与皖北地区部分指标情况比较

地市	GDP（亿元）	就业人数（万人）	规模以上工业总产值（亿元）	全社会固定资产投资（亿元）	高新技术产业产值（亿元）
苏北	**16564.3**	**1742.2**	**36326**	**13758.57**	**11358**
徐州	5319.88	482.1	12216	4266.12	4505.3
宿迁	2126.19	281.6	3863.3	1838.97	773.55
连云港	2160.64	250.3	5433.1	2077.35	1936.9
淮安	2745.09	282.5	6560.5	2203.24	1687.2
盐城	4212.5	445.7	8253.6	3372.89	2455.4
皖北地区	**6360.41**	**1933.7**	**9954.2**	**6208.67**	**2273.2**
淮北	760.39	116.3	1814.6	925.2996	467.8
亳州	942.61	361.3	959.39	767.3005	294.9
宿州	1235.83	375.9	1623.3	1133.394	181.2
蚌埠	1253.1	226.6	2596.8	1457.9714	964.8
阜阳	1267.5	632.9	1989.7	1004.981	266.1
淮南	901.1	220.7	970.42	919.7254	98.4

数据来源：江苏省统计局、安徽省统计局。

2015 年度皖北地区的 GDP 总值是 6360.41 亿元，而苏北地区的 GDP 总值是 16564.3 亿元，远远超过皖北地区，皖北地区的淮南、淮北、亳州等地的 GDP 值较小，苏北地区的 GDP 贡献最大的城市是徐州市，皖北地区 GDP 贡献最大的是蚌埠市，但蚌埠市的 GDP 总值也较为落后于徐州。从就业人数来看，2015 年苏北地区的就业人员总数是 1742.2 万人，而皖北地区的就业人员数量是 1933.7 万人，皖北地区的就业人员数量超过苏北，就业数量较大，产值较小，说明劳动力富裕程度较高，在传统产业升级、技术革新等方面依旧有较大的上升空间。苏北地市中，徐州是就业人口数量最多的地市，而阜阳是皖北地区就业人数最多的地市。从规模以上工业总产值来看，2015 年苏北地区的规模以上工业总产值达到 36326 亿元，皖北地区达到 9954.2 亿元，说明皖北和苏北的工业发展还有一定差距，其中苏北各地市的规模以上工业总产值几乎都高于皖北各地市。从全社会固定资产投资来看，2015 年苏北地区的全社会固定资产投资总额达到 13758.57 亿元，而皖北地区的全社会固定资产投资总额为 6208.67 亿元，可见苏北地区的全社会固定资产投资总额是皖北地区的 2 倍左右；从高新技术产业产值来看，2015 年苏北地区的高新技术产业产值达到 11358 亿元，但是皖北地区的高新技术产业产值是 2273.2 亿元。从各指标数据来看，苏北地区的产业发展能力都要明显高于皖北地区，在产业发展方面，建议皖北各市要以苏北各市作为标杆，要加以研究学习，要有所突破。

第五节　小　结

本章首先阐述了在新的历史时期构建区域产业发展指数评价体系的重要意义，在理论基础上进行了指数模型的体系构建，并采用主成分分析法对安徽省全部 16 地市的产业发展环境、产业发展水平、产业发展能力及综合指数进行测算。准确的数据来源、科学合理的指标体系是对安徽省各地市产业发展进行综合分析的基础。此外，将皖北地区单独拿出来细致分析并选取部分指标同苏北地区相比较，获得了许多有价值的信息，以期为皖北地区乃至整个安徽省区域产业发展提供帮助。

第二篇

打造世界型制造基地，加速皖北崛起

第二章　抓住机遇，加速皖北崛起

围绕皖北崛起，安徽省政府实施了一系列振兴发展政策。这么多年，皖北经济社会发展速度加快，增速明显，在全省的经济占比不断上升。如今，随着我国经济发展进入新常态，皖北作为中部崛起战略实施的一部分，应该抓住机遇，直面挑战，加速发展，使得经济社会各项事业再上新台阶。

第一节　皖北崛起的现状

皖北地区包括皖北 6 市（淮北市、亳州市、宿州市、蚌埠市、阜阳市、淮南市）及沿淮 4 县（定远县、凤阳县、明光市、霍邱县），国土面积约占安徽省的 1/3，总人口约占安徽省的一半。皖北地势以平原为主，土地面积 39149 平方公里，占安徽省土地面积的 33.3%。耕地面积 3206.5 万亩，占安徽省耕地面积的 47.8%。矿产资源、农村劳动力资源丰富。承东启西、贯穿南北，区位优势明显，具有开拓大市场和发展大流通的优越条件，发展潜力巨大，在安徽乃至全国区域发展格局中具有重要的战略地位。

在新中国成立后很长的一段时期内皖北的淮南、淮北作为能源输出大市，在华东经济发展中起到重要作用，经济和社会发展速度较快，对区域经济贡献较为显著；皖北的蚌埠作为京沪线主要城市，并肩于无锡、青岛等城市，在安徽省也处于领先发展地位，在国内也是具有较大影响的区域性中心城市。然而，改革开放以来，这些地区遭遇冷落，经济地位不断下降，作为能源城市的淮南、淮北深陷于能源发展惯性思维，接续产业没有有效培育，最近二十年来城市发展一直步履维艰；蚌埠是交通要道城市，但是在转型发展中既没有利用好轻工业发展基础，做大做强产业规模，也没有利用好地理交通要道，做好物流大文章；阜阳、亳州和宿州三市，作为安徽省过去的边缘性城市，一直局限于人口和资源输出的发展模式。作为“欠发达地区”和“经济发展洼地”的皖北严重影响安徽在国家经济版图中的地位，也造成了整个安徽省区域经济社会难以协调发展。

但是皖北落后不是皖北自身问题的落后。

随着国家深入实施中部崛起战略，特别是安徽省皖北振兴发展战略实施，皖北已经拥有历史上最好的机遇，发展速度明显加快，城乡人民生活水平稳步提高，整个社会呈现蓬勃的发展生机。皖北“十二五”期间GDP年均增长10.2%，安徽省“十二五”期间GDP年均增长10.8%；在全国经济下行压力较大的情况下，而且受两淮煤炭经济转型的影响较大，2016年，皖北6市地区生产总值增长8.2%。皖北6市GDP增速除了淮南、淮北分别只有6.6%、5%以外，其他4市增速全部高于全省增速，其中蚌埠以9.4%的增速名列安徽第3，宿州以9.1%的增速名列安徽第5，同时阜阳增速9%、亳州增速8.9%，也均高于安徽省平均增速8.7%。

当前皖北6市都已经在区域发展中找到自己的抓手，蚌埠市借助合芜蚌自主创新示范区和衔接两大城市群有利时机，谋划和建设“双中心城市”；淮南加快与合肥都市圈融合发展，构筑沿淮经济发展带；阜阳市以泉河和淮河为依托，大力发展绿色经济，力推现代农业发展示范带和沿淮城市发展示范带；宿州以云计算为产业突破方向，加强高新技术产业引入，同时做好产业转型升级，着力建设京沪沿线重要节点城市；淮北围绕铝基新材料和煤炭产业做文章，在做大铝基新材料产业突破的同时，着力推动煤炭产业转型升级；亳州中医药产业特色鲜明，在做大规模的基础上，大力构建产业链，提升“中华药都”城市品牌和健康产业品牌，着力打造中原城市群文化品牌输出城市、特色产业鲜明城市和区域中心城市。目前，皖北地区已逐渐走出“产业不鲜明、产城脱节、不均衡发展”困境，实现跨越式发展，皖北地区已经站在了一个崭新的发展起点上。但是，当前世界经济依然低迷，美国、欧洲包括亚洲区域性国家带给世界的依然有诸多不确定性。国内经济新常态下的“L”型长期趋势，皖北地区如何发现机遇，加强合作、改革和创新，将皖北地区带入加速崛起、全面崛起的新阶段是非常关键的。

第二节　当前皖北崛起面临的机遇

一、皖北作为中部地区重要组成部分，国家领导和省委省政府高度重视

新时期，党中央、国务院仍然高度重视促进中部地区崛起工作。习近平总书记强调，要坚持稳中求进的工作总基调，紧紧围绕中部地区崛起，深化改革、发挥优势、创新思路、统筹兼顾。李克强总理指出，中部地区发展潜力巨大，要抓住战略机遇，充分发挥自身优势，提高经济增长的质量和效益，在改革创新和结构优化中实现崛起，为我国经济保持中高速增长、迈向中高端水平做出新贡献。为进一步推动中部地区崛起，加速中部地区发展，2016 年 12 月国务院通过的《促进中部地区崛起“十三五”规划》，明确了中部地区的繁荣发展，事关我国改革开放和现代化建设全局，事关中华民族伟大复兴中国梦的实现。2016 年 12 月，省委书记李锦斌深入宿州、亳州、阜阳调研指导工作，他强调要按照省第十次党代会的决策部署，坚定不移以新发展理念引领发展全局，一心一意谋发展，聚精会神抓党建，奋力把皖北地区打造成全省发展新的增长极。2016 年 11 月李国英参加亳州代表团审议时强调：发挥优势聚焦短板，推动皖北更好发展。“皖北十三五规划”中明确了要培育后发优势，主动融入国家区域发展战略，走出一条皖北崛起的新路。

二、“一中心、四区”的战略定位，清晰确定了产业上台阶是皖北发展重中之重

《促进中部地区崛起“十三五”规划》和《皖北“十三五”规划》

在继承原有国务院对中部地区“三基地、一枢纽”定位的基础上，根据新形势、新任务、新要求，提出了“一中心、四区”的战略定位：即全国重要的先进制造业中心、全国新型城镇化重点区、全国现代农业发展核心区、全国生态文明建设示范区、全方位开放重要支撑区，确定了到“十三五”末的主要发展目标，明确了创新发展、转型升级、现代农业等方面的重点任务和保障措施。这一新的定位显然是在原来“三基地、一枢纽”基础上的升级，实际也指明了中部地区产业和城市之间的定位问题。同时安徽省围绕皖北发展，在产业定位方面进一步强调部分产业迈向中高端水平，农业现代化水平显著提高，先进制造业和现代服务业加快发展，高新技术产业规模不断壮大，战略性新兴产业集聚发展基地建设实现突破。安徽省产业发展定位是对“一中心、四区”定位的有力支撑，是安徽省振兴皖北发展战略的延续。

三、皖北人口资源和土地资源优势，为皖北推进工业化和城镇化提供了发展舞台

当前我国工业化和城镇化发展都进入了新的阶段，虽说工业发展已经进入工业化的中后期阶段，但是未来中部地区的崛起在一定程度上是中部地区工业化完成的阶段，在这个阶段中，皖北有多重优势可以利用，首先是推进以先进制造业为核心的新型工业化进程，是充分利用劳动力成本优势、人力资源优势的过程，也是有利的区位优势利用的过程；皖北作为人口大区，人力资本源源不断发挥，将会长期支撑皖北工业化发展，也是在中国现有经济不均衡发展阶段，支撑中国产业竞争，特别是支撑新兴产业发展和传统产业经久不衰，相继发挥优势，推动我国经济持续发展，铸就我国产业大国的关键所在。而我国城镇化经过快速发展也已经进入一个新的阶段，皖北紧邻的长三角地区城镇化水平已经较高，但是，皖北地区潜力还较大。2015 年，皖北地区城镇化率为 44.7%，低于全国约 13 个百分点，人口相对密集，大量农村人口需要转移。未来 5～10 年将是皖北城镇化发展的关键阶段，城镇化将是推动皖北崛起的重要抓手。

四、“三农”工作的创新发展，将助推皖北崛起

十八届五中全会提出了“创新、协调、绿色、开放、共享”的五大理念。“十三五”时期，促进农业发展方式转变，激发农村发展的内在活力，加快农民成为居民，五大理念将有助于破解“三农”发展中出现的新问题。通过新型城镇化结合农业现代化，加快推进农业、农村和城市基础设施建设，既缓解城市发展的资源和环境压力，又促进了公共服务向农村延伸，实现基础设施投资收益的较大化，同时促进了农村财富增长和加速了人口城镇化进程。皖北地区东临中国最发达的长三角，北依京津冀地区，承东启西、接南进北。这一特殊的经济地理位置，一方面为这两大经济圈提供丰富的人力和农产品，另一方面又从这两大经济圈获取经济资源。从中国产业空间分布来看，一方面皖北接受两大圈辐射，为两大圈产业梯度转移提供了空间和平台；另一方面，皖北农业的发展，特备是现代农业、有机农业和生态农业的发展，又为资本从工业形态、金融形态转移到现代农业方面提供了转换形态和通道，特别是生态化发展、城镇化发展，将需要更大范围的空间、更多的人口支撑。5.3 万平方公里、3710.1 万人口，将会为助推皖北崛起提供更多的发力点和更大的舞台。最后关键是安徽要围绕现代大农业产业化发展目标，做好现代农业发展文章，根据各个地市基本情况，谋划好农业产业化大发展的实现路径。皖北有丰富的农产品资源，要围绕如何做大做强现代农业，走农产品加工业转型升级的路径，着力推进精深加工升级、绿色化升级、多业态融合升级。

要找准龙头企业做大做强的路径，坚持走培育和引进并重的路子，具体化发展中，要走科技强企道路，加大科技投入，积极引入社会资源，通过资本纽带，做好资源嫁接，通过集聚发展等方式提升农业竞争能力和发展水平。

要找准知名品牌培育的路径，推进标准化、规模化生产和特色化发展，大力发展“三品一标”农产品，着力抓好品牌创建、品牌营销。要找准利益联结的路径，进一步完善龙头企业带动农户的利益联结关系，建立农民分享二、三产业融合发展成果的利益保障机制（在李国

英率团赴河南考察农业产业化工作中的讲话整理)。这些要素及资源也为现代资本提供了载体与平台。

第三节 皖北崛起面临的挑战及问题

一、传统经济发展模式难以为继，新的模式依旧在调整中

多年来，我国经济的高速增长得益于外贸和投资两个“发动机”。过去几年来，中国外贸的快速发展，得益于国际产业转移和中国劳动力资源优势，两头在外的发展模式，形成了中国过去十几年来年均外贸出口以超过 20%的速度增长，极大地带动和促进了整个经济发展，但是这种发展模式前提是外部需求持续增加和劳动力成本相对不变。随着我国经济自身发展和劳动力素质及能力提升，促进经济增长要素成本持续攀升却是不争的事实，在现有的发展模式下，自然难以为继。2016 年按美元计，中国出口同比下降 6.1%。另一方面经济进入新常态后投资增速显著放缓，尤其是产能过剩进一步导致扩大投资动力的缺失。2016 年固定资产投资增速同比为 8.1%，创 16 年新低。而投资中结构性问题尤为明显，从 1999 年到 2014 年，我国房地产投资增速一直保持两位数，2006 年房地产投资增速一度达到 36%，房地产快速发展对区域市场已经形成极大压力。在未来发展中，即使我国的城镇化仍然有很大的空间，但是在整个房地产市场库存严重的情况下，必然直接影响房地产市场健康发展和诱致整个市场的观望情绪。目前，像 20 世纪物联网对经济的带动作用、WTO 促进中国外向型经济发展、房地产带动整个产业快速发展，诸如此类动能已经难寻芳踪。在现有的外部及内部经济环境下，必然影响了皖北经济发展。

二、人才外流已经成为趋势，现有人才结构性问题逐渐凸显

自 20 世纪 90 年代以来，来自皖北的务工人员已经成为驱动江浙、上海等地制造业发展的主要劳动力来源，2014 年皖北有 920 万人在以

上地区从事每年 3 个月以上的工作。早期的劳动力资源外流有利于要素资源重新配置，既提高了劳动力配置效率，又带动了皖北经济的发展。但是发展至今天，劳动力外流已经成为一种习惯性趋势，主要是习惯于当地的工作环境和建立了当地的工作圈子，以至于整个家族游弋于工作地和出生地。根据 2014 年《皖北研究报告》测算，目前皖北有 300 多万人口处于这样的生活模式。同时，现有的教育体系以及就业模式，进一步加剧了高级人才（大学毕业后）流失。这类人才流失主要表现为皖北教育人才难以回流，教育人才外流在某种程度表现为制度性流失；最后人才流失既表现为经济不发达地区形成的熟练的业务骨干和高端人才流向江、浙、沪等发达地区，也表现为一般人才（劳动力）流失。

例如作为安徽财经人才的教育基地——安徽财经大学，每年培养的安徽籍大学生几乎都涌向长三角及合肥地区，很少能够回到阜阳、亳州等地。其他职业技能人才也普遍在经济较为发达的地区寻找工作岗位。现在整个皖北，不仅仅缺乏高新技术人才和高级管理人才，就连一般性大专学校毕业的人才，也是相对缺乏。同时，人才得不到有效补充和更新，人才结构性问题已经凸显，另外受传统体制的深刻影响，导致人才既存在总量的相对不足，又存在人才积压和难以发挥作用等问题。

三、城市之间的合作有待进一步加强，地区经济社会融合有待协调

目前，皖北 6 市都有各自的“战略”，蚌埠拥有合芜蚌自主试验区平台，谋求形成真正的沿淮和皖北双中心城市地位，在安徽经济版图中能够进入第一方阵；阜阳拥有人口大市、区域性中心城市和交通枢纽等有利地位，谋划建设阜阳—颍上经济发展走廊，有望成为继蚌埠为淮河中心城市外的另一个中心城市；随着寿县并入淮南，一方面经济总量增大，土地要素等瓶颈已经缓和，同时淮南与合肥同城化发展已经形成新的支点——淮南市新的空间区域紧邻新桥机场；淮北以徐州、永城等作为发展支点，在同城化方面已经超越了淮北—宿州城市

群融合发展势头；宿州市和亳州市在人口和经济体量上相对较小，但是作为沿边城市，这两个城市在特色产业方面已经形成发展势头，都希望能够成为统率沿边区域发展重要支点城市，这两个城市的发展战略已经取得较高的成效，李锦斌在中国共产党安徽省第十次代表大会上的报告也充分肯定了这两个城市的发展战略。这些战略的实施在促进地方经济发展的同时也带来了新的问题，如招商引资类同、产业竞争加剧、地方保护障碍难除、资源分配不合理等，纵向的合作明显不足，例如淮南市、蚌埠市和滁州凤阳相互连接的省道，到今天还是稀泥路。在项目对接上还有很大的难度，这些都制约了皖北地区的长远发展。

实际上，这么多年皖北相对于安徽整体经济发展，不仅仅没有降低差距，反而有进一步扩大的趋势。皖北“十二五”期间 GDP 年均增长 10.2%，安徽省“十二五”期间 GDP 年均增长 10.8%，落后 0.6 个百分点；2016 年皖北 GDP 6948.5 亿元，增速 8.2%，相比同期安徽省 24117.9 亿元，增速 8.7%，也同期落后 0.5 个百分点。从区域经济整体发展来看，2015 年皖北 GDP 占全省比重 28.94%，2016 年占比 28.81%，这些数据一再说明了皖北真正发展崛起的那天就是安徽省整体崛起的那天。安徽省必须建立长期支持机制，缩短皖北与安徽整体发展差距。目前省里设置了专门机构加以协调，还有皖北论坛形成统一对外声音，但是一旦这些机构功能弱化，未来各个地市之间将会出现竞争大于合作、相互倾轧等现象，城市群组团发展、一体化发展不会加速，只能倒退，区域分割将更加明显。从省内南北合作中所发生的积极现象来看，随着各个地市之间协调的减弱，也会降低合作意愿，达不到促进区域合作发展的效果。因此，未来皖北振兴道路依旧任重道远。

第四节　新时期促进皖北崛起的机制建设

一、加快经济发展创新机制建设

目前，我国经济处于深刻调整时期，但是其他促进中国经济发展的内外驱动因素依旧存在，而且得到了进一步强化，例如“一带一路”“农业供给侧改革”“大健康产业”“服务经济”“分享经济”“绿色产业”等形成的新动能已经发挥效力，有望成为推动皖北发展的新动能。这些驱动因素的发挥，需要进一步加大创新力量，包括积极吸收先进产业技术，加大产业融合和做好模式等创新。

区域创新是促进皖北崛起的重要推动力量，要靠创新把产业吸引过来，要靠创新促进产业在本地的集聚。因此要坚持比较优势导向与创新优势导向相结合，努力开创皖北“双向突破”的发展新路径。要立足改革和开放视野，将皖北产业发展置于世界经济发展的大循环，在世界制造业“产业链”中找准自己的位置，主动参与国际竞争，并在国际竞争中谋求优势地位。

皖北有丰富的资源，首先要发挥好劳动力资源优势，要实施人才工程战略，要将发展的视角从单纯的要素供给转变为全方位参与，现阶段要立足于产品制造，强化工业立区，强化制造业强区思维。坚持“内原动力”与“外原动力”均衡协调发展的原则，既要培育区域自身创新的实力与潜力，同时，要突出“以外促内”“以输入带动输出”，将面向全国、面向世界，将培育区域的吸纳应用能力作为本地创新发展的重要目标。要突出产业思维，强化产业集群建设和产业链建设，要立足于一两个产业获取突破，要率先做世界级产业制造基地、生产基地。在此过程中要强化企业主体地位，要以企业为核心、市场为导向、强化企业在区域集中集聚。积极培育新产业、新业态，强化融合发展，积极帮助小企业组群，引导大企业引领产业链建设和发展，强化核心作用。积极帮助企业降低成本，鼓励企业运用现代生产技术，积极拓展海内外市场。

二、加快人才机制的建设

树立人才资源是第一资源的科学人才观，形成以用人单位为主导，政府、社会、个人和外资共同投入的多元化、市场化人才投资机制。制定短期与中长期的人才投资规划和人才建设规划。培育适应市场经济的人才体制环境，通过深化改革，创新体制，坚决革除一切束缚人才创造活力的体制弊端与一切妨碍人才创造活力的做法和规定，推动各类人才的自由合理流动，建立与市场经济相适应、与皖北崛起相配套的人才管理新体制。营造完善配套的人才政策环境。激发活力，探索集约高效的人才汇聚机制。建立科学的人才评价和激励机制。皖北地区可以统一规划，建立各类人才的分类、分级、分层管理制度，改善宏观调控，建立高层次人才的动态管理机制。不断扩大人才总量、盘活人才存量与调整人才结构、提高人才素质相结合，按照中部产业结构优化升级的战略部署，依靠宏观调控与市场手段优化人才结构。加强6市在人才资源上的优势互补，资源共享，实施区域人才一体化战略，加强区域人才合作，增强皖北整体的人才竞争力。同时，做好各层次和各专业人才从东部地区的回流或者留守外地高级人才为家乡服务的工作。

三、加强区域合作机制的建设

按照安徽省“十三五”规划、皖北“十三五”规划、党代会会议精神以及皖北城市群实施方案，未来城市之间要合作发展、组团式发展和一体化发展。一方面，皖北基础设施建设、生态屏障建设、淮河综合治理和绿色发展，以及淮河水系水资源上下游分配、皖北地区道路建设以及贸易区建设等，有需要集体协商解决的问题；另一方面，在皖北共同发展以及共同利益面前，皖北各市都应该健全合作机制，做实一体化发展，既要做好皖北城市群抱团，又要积极加强南北城市互拥发展，做到相容共生、共同发展。需要建立决策、协调、执行层面的共同推进机制，加大重大项目对接、重大事项合作和重大政策落实力度，在区域公共服务、区域创新发展、生态建设等领域实行无障碍合作，形成省政府统筹、地方政府相互协调、企事业单位协商合作的格局。按照“利益共享、有效补偿、优势互补、互利共赢”的原则，加强区域间协同发展，优化好区域发展环境。

加强顶层设计，发挥好各地比较优势，做好区域内产业分工与协作，加快推进战略性新兴产业、农业产业化、旅游等领域的对接合作，提高区域产业综合竞争力，合力打造优势产业集群，共同培育世界级产业集群。

交通是促进皖北崛起的基础，也是合作的纽带，促进互联互通。进一步加强皖北交通基础设施建设的对接合作，推进铁路、公路、水路、航空、港口、管道建设，打通断头路，加密运输线，构建皖北地区四通八达、无缝对接的综合性、智能化交通体系，不断提升皖北地区在国家和区域内的交通运输枢纽地位。

第三章　打造世界型制造基地，促进皖北绿色崛起

如何将改革创新作为“四化”同步发展的重要抓手，突出创新在皖北发展中的地位，激发市场主体活力和社会创造力，加快实现新旧动能转换，为皖北经济社会发展提供持续动力，一直是我们思考和关注的重要问题。我们提出“打造世界型制造基地，促进皖北绿色崛起”的发展方向，主要立足于现有发展环境，同时注意到皖北已经具备了这样的基础条件。另一方面如何深入实施《中国制造2025》，促进皖北地区制造业向高端、智能、绿色、服务、集群方向发展，如何培育战略性新兴产业，加快形成引领皖北经济社会发展、具有皖北地区特色的产业体系，对皖北区域经济发展来说至关重要。

近年来，皖北在经济、社会各个领域的发展速度相对较快，项目落地速度不断加快，发展质量不断提高，皖北园区和产业发展规模不断扩大。产业转移从传统的人力资本密集型制造业到高端的云计算产业，正全方位地、跨越式地推动着皖北产业升级和产业集聚过程。我们也注意到，皖北产业发展和创新力量在实践中还有很多问题，整个皖北发展的环境依旧存在多方面挑战。但现有的产业发展水平表明，皖北拥有制造业发展的优势已经逐渐显现。

皖北办和皖北发展研究院围绕皖北如何打造世界型制造业基地这一主题，在2016至2017年进行了密集调研，通过对比研究、理论概括和案例解析，对皖北如何打造世界型基地，与当地领导干部进行了反复交流，并提出了具体的改进建议，本章将结合以上调研，系统地提出为什么要打造世界型制造基地、有什么优势和存在什么问题，并结合皖北产业发展实际，提出了打造世界型产业基地的可能路径。

第一节　工业化发展永远是皖北振兴的逻辑起点和核心内容

目前，皖北各地创业创新活动日趋活跃，成果不断涌现。大众创业、万众创新逐步成为皖北地区经济社会发展的新引擎、扩大就业的高效途径、实现跨越式发展的重要抓手、转型升级发展的有效支撑。

一、工业化发展是创新的载体和“四化”的关键内容

创新必须有载体，在农业社会、工业社会和服务型社会里，创新呈现出不同的内容和形式。农业社会发展中，创新体现为农业生产工具的创新和使用，而现代社会农业新品种、新技术的使用，都是现代工业在农业中延伸和扩展，因此，工业化是现代化的逻辑起点，也是维系农业和服务业发展的纽带，在推进“四化”中具有龙头和先导功用。通过皖北工业化提升皖北经济实力，增强以工促农、以城带乡的能力。工业化进程加快，才能吸纳城市人口并消化农业现代化释放出来的农村剩余劳动力，推动城镇化步伐；通过加快工业化步伐，才能从根本上转变经济增长方式，促进经济结构需要不断优化，解决皖北城镇化发展过程中农村人口“离土离乡”问题，才能有助于解决社会公平，让城乡居民共享发展成果。在推进工业化进城中，要把培育发展产业作为重中之重，努力提高城乡产业关联度和经济融合度，使产业与经济社会发展规划、土地利用规划和城乡总体规划深度融合。

二、战兴产业发展是工业化发展路灯和是先进制造业基石

创新社会基本特点是技术成果使用、产业技术进步和新商业模式推广等。技术成果使用必然体现为生产工具使用、新产品新技术在社会生产方面中应用和发展，产业技术进步必然体现为产业自身的技术进步以及在工业化制造中工艺和技术变革，例如大规模生产技术出现，带来产业制造能力提升。战兴产业出现本身代表新兴技术使用和推广，

代表产业自身技术变革和工业化生产方式发生变化。智能制造不仅仅代表产品制造方式变化，表现为生产要素组织方式和生产技术进步，更多表现为整个社会生产效率提升和技术进步。因此，战兴产业发展促进了整个工业制造水平的提升，也表现为社会进步，是新的技术和产业推动了整个产业进步和变迁，是新的生产方式推动了生产力提升和社会进步，战兴产业推陈出新是整个先进制造业的自我高级化形式，也是先进制造业发展基石和进步的标签。当前，皖北既存在传统产业升级换代，也存在新产业加速崛起，皖北各地经济结构需要不断优化，发展质量需要持续改善。2016 年上半年，皖北 6 市战略性新兴产业产值 958.7 亿元，增长 23.4%，增幅比全省高 6.4 个百分点，占全部规模以上工业产值比重由上年同期的 19.3%提高到 20.4%，其中阜阳、宿州、蚌埠分别增长 37.9%、36%和 28.4%，居全省前 3 位。皖北战兴产业发展，已经成为引导皖北产业高级化和先进制造业发展的重要载体和实现形式。

三、硅基新材料和中医药产业优势地位引领了皖北世界性制造基地发展和进一步壮大

任何世界性制造基地发展，都与该基地有影响产业形成的影响息息相关。从底特律世界型汽车制造基地到硅谷世界型创新基地，都体现了这两地对世界产业所形成的影响，表现为制造规模对世界市场形成影响，或者创新能力对世界制造业所形成引领作用，总之，世界型制造基地体现了生产和创新要素集聚，体现了大企业核心作用和产业集群规模性影响。皖北也具有世界型制造基地标志性特征，例如蚌埠硅基新材料生产技术和产品，已经对世界显示产业产生重大影响；亳州中医药产业发展和现有集聚能力，已经具有世界型中医药产业基地发展趋势。目前，蚌埠硅基新材料集聚发展基地新型显示、太阳能电池、特种玻璃产业体系加速形成，2016 年前 7 个月的硅基新材料产业规模同比增长 20%。上半年阜阳太和现代医药产业集聚发展基地现代医药产业产值增长达 29.1%。亳州现代中药产业集聚发展基地 2015 年引入药企 30 家，其中全国 500 强企业 2 家，行业排名前 10 强企业 4 家。

第二节　流域经济发展的规律决定了皖北能够成为世界型制造基地

一、流域决定了整个工业经济规模和城市圈分布

在农业经济社会里，土地肥沃程度、水资源充沛程度决定了农业经济社会的发展。在中国发展历史上，黄河、淮河流域在经济社会发展中起到了决定作用，决定了整个华夏的人口分布和城邦社会发展；在欧洲、非洲，莱茵河、尼罗河流域不仅仅决定了农业社会发展，也决定了整个现代工业经济社会的发展。

虽然现代工业经济社会看似是从沿海到内陆发展，但是结合不同区域经济发展过程，很明显流域经济依旧决定了整个经济版图及其发展模式如莱茵河、密西西比河、田纳西河和多瑙河等，目前均已发展成为世界著名的人口、产业和城市密集带。

在流域经济社会中，资源决定了人口集聚能力与规模，田纳西河流域经济发展中，大量水资源综合开发，特别是筑坝发电、开采煤炭发电，形成了流域内水火互济的高容量电力系统，为流域的开发提供了充足和可靠的电力。1933 年，流域劳动力就业结构以农业为主，约占总就业人数的 62%，商业和服务业就业的比例是 17%，制造业仅 12%，其他为 9%；1984 年就业结构中，从事农业的比例大幅下降，仅为 5%，而商业和服务业达 45%，制造业上升到 27%，其他为 23%[①]。

流域经济发展中，产业和城市逐渐融合性发展。其中莱茵河流域流经列支敦士登、奥地利、法国、德国和荷兰，流域中分布了欧洲和世界重要的电力、化工、食品加工、汽车制造、冶炼、造船、商业银

---

① 陈湘满．美国田纳西流域开发及其对我国流域经济发展的启示［J］．世界地理经济研究，2000(6)。

行、旅游业等现代服务中心，莱茵河流域集聚了近1亿人口，包括巴塞尔、法兰克福、科隆、鹿特丹等世界著名中心城市和90多个中小城市共同组成的“城市圈”。密西西比河、田纳西河和多瑙河等，目前均已发展成为世界著名的人口、产业和城市密集带。

二、淮河流域快速发展符合中国区域经济“波次”发展格局

中国经济改革发展过程首先是沿海沿边沿江发展，最后是内陆快速跟进。这样的“波次”发展格局，直接决定于当年改革早中期中国需要集中精力解决如何跟世界经济接轨的问题。中国跟世界接轨首先是商业经济上接轨，例如如何通过在初级产品加工方面利用人力资源优势、本土资源优势而取得快速进步与发展。因此，淮河流域，包括今天皖北的人口、电力、矿产等，都作为国家层面资源配给方式，直接或者间接地参与到沿海、沿江、沿边的世界产业配套中。

今天说淮河流域经济发展符合中国经济“波次”发展特征，也主要是因为中国在快速发展中，已经从早期的原材料竞争、初级产品加工，发展到门类齐全的全产业出口发展阶段。在这个阶段中，内陆地区已经直接参与到世界产业竞争中去，而不是仅仅成为沿海沿边沿江主要资源供给方，间接参与制造业竞争。

从产业转移和区域经济发展“波次”特征看，淮河流域已经具备了快速发展的基本条件。

从国家宏观层面上讲，淮河流域经济发展有助于形成中国经济多维支撑空间发展格局。淮河流域包括我国东中部地区涉及河南、安徽和江苏3省，在经济空间中已经形成以苏北、皖北、豫南为重点的“一带、三核、多节点”发展布局。

一是淮河流域经济快速发展为中国沿海开发战略的深入实施，特别是助推上海等发展为世界型中心开辟一个广袤的支撑腹地，为实现沿海经济和腹地经济相互支撑的格局奠定双赢基础。

二是流域经济与今天发展起来的现代交通（陆路和航空）之间相互补充、相互支撑，首先是流域经济自身的水资源优势永远是人类生存发展的关键资源，这些是现代交通业发展难以替代，也是决定未来

城市群发展的关键所在。从淮河流域看，通过公、铁、水、空、管现代综合交通体系建设，推动江苏盐城和淮安、安徽淮南和蚌埠、河南信阳等城市迅速崛起，也为淮河流域腹地实现跨越式发展提供新动力、新动能。

三是“一带一路”将会引领淮河流域参与国际化发展，为淮河流域开辟一个全球化发展的通道。如何围绕制造业高地发展，打造物流产业、商贸、服务业和新兴产业，带动城市化发展，形成产业和人口聚集高地，发展成为盘活区域流通、激发经济新活力的“开放高地”，将会促进千里淮河流域经济走向全球化新天地。

四是未来的产业竞争是消费能力和劳动力供给能力的竞争。皖北人口基数大，随着城镇化发展和收入增加，人口消费能力也逐渐提高。自 2010 年以来，皖北房地产市场一直处于火热中。同时皖北劳动力供给能力也相对较强，皖北每年将有 60 万新生劳动力供给，同时也将有 27 万左右的劳动力退出，相比于安徽省全年有近 70 万的劳动力退出来说，皖北在未来几年还是劳动力主要供给地区。皖北总人力资源增长受惠于“教育投资红利”，平均受教育年数增长因素为 10.41%，在各类受教育水平人口中，大专以上文化程度人口增长了 35.21%，高中和中专文化程度人口增长了 28.24%[①]。

三、淮河流域资源保障能力决定了皖北有条件成为世界型制造基地

从流域经济发展实践看，任何流域经济发展，离不开能源及现代工业所需要的资源。淮河流域煤、电、水资源综合优势显著，淮南素有“能源之都”美称，阜阳、淮北、宿州、亳州等地也具有较好的煤电保障能力；同时，两淮平原具有较好的太阳能和风能发展条件，这几年光伏发电、风能发电发展势头迅猛，而且电网承载能力较强，这些得天独厚资源的综合优势，将有助于在本地形成以能源、资源产业发展为基础的现代化、大规模制造基地。

---

① 2014 年皖北研究报告。

皖北作为长三角和京津冀两大发展区的中间地带，要成为世界型制造基地，就必须围绕如何发挥好能源、资源综合优势，按照五大发展理念要求，以重大技术突破和重大发展需求为基础，延长产业链和做大产业集群，发挥好现有科教优势、资源优势和产业优势，加快培育和发展战略性新兴产业，不断用先进适用技术和现代管理模式改造提升优势传统产业，按照做大先进制造业为引导，做好做强工业。其特征就在于能否有效地把能源、资源优势转化为制造优势。

1. 依托蚌埠科教基地、淮南与合肥同城化发展优势和宿州与云计算产业基础地位，集中力量在蚌埠、淮南、宿州等地重点发展计算机配套件产品、新型显示、电子元器件、集成电路、应用电子、太阳能电池、新型显示、云计算等细分产业，着力打造电子信息和服务产业基地。

2. 依托霍邱、寿县丰富铁矿资源和淮南、阜阳煤炭资源优势，按照“以资源兴产业，以产业促发展”的目标要求，以球墨铸造、金属材料等重大项目为支撑，强化资源综合利用，深化资源加工层次，实现铁矿开发向精深加工产业发展转型，形成矿石开采—冶炼—深加工产业链，培育冶金产业集群，建设优质钢材深加工产业基地。

3. 依托两淮煤矿和定远等地盐碱资源综合优势显著，特别是发挥好能源优势，积极发展高端石化产品，大力促进煤化工、盐化工、碱化工的融合发展以及上下游产业的一体化进程，延伸化工产业链，培育产业链核心企业，加强技术研发和做好产业融合发发展，使传统煤化工转变成为新型绿色煤化工，在淮南、蚌埠、阜阳、淮北等地构建现代绿色化工产业基地和循环产业基地。

4. 依托凤阳高储量、高品位的石英资源和蚌埠硅基材料技术优势，做好两地融合发展，推进硅基新材料园区聚集功能和辐射效应；积极发展以特种玻璃新材料、新型高性能有机硅、硅基功能材料等为主体的硅产业，延伸产业链，形成以硅基材料为基础的产业体系，打造“世界型硅产业基地”。

5. 围绕江淮汽车和北汽等汽车产业在阜阳、亳州布局，以加快推动汽车零部件制造业高端化、信息化为主要发展方向，重点发展新能源汽车产业及零部件制造业，延伸产业链，扩大技术转移承接能力，推动交通运输等产业部件制造及服务工程实施，形成新的经济增长点，沿着淮河两岸重点打造汽车、轮船、航空等部件制造基地。

6. 利用好在煤炭、化工、交通等领域的工程机械制造优势，围绕“一带一路”，做好对接，强化研发，做好技术改造，重点发展大型矿业工程机械、石油化工机械、交通运输装备、城市发展专用装备、风电及太阳能基材和装备等产业，提高大型成套装备制造能力及本地化生产能力，带动装备制造业发展升级，打造国内有影响的新型装备制造业基地。

7. 充分利用好现有高等院校和科研院所加快技术产品转移、扩散等有利时机，做好对接，支持淮南、蚌埠、阜阳和亳州等地设立生物医药产业工程研发中心，强化产业技术引导，支持一批有自主知识产权、技术含量高、经济效益显著的新产品在本地落户，开发培植一批技术含量高、市场容量大、具有自主知识产权的新品种，促进生物医药产业向技术创新和仿制并重的方向转变，形成多系列产品群和产业链，以生物药物及生物诊断、新型化学药物、现代中药及生物技术为主要发展方向，努力培育成为国内重要的医药产业集聚区。

8. 围绕亳州中药产业集群，着力发展中药新药、中药浓缩丸、现代新型中药饮片、生物培养和拟生态条件下规模化种植的濒危稀缺中药材；加强中药的剂型改造和二次创新，重点开发用于治疗肝病、心脑血管病、抑郁症、糖尿病、更年期综合征、流感等免疫功能性疾病、病毒性疾病和老年性疾病的中成药。着力吸引国内外大型企业在亳州、阜阳等地落户，积极培育发展航空中医药产业，做大健康产业，形成中医药种植、检查、生产、研发和销售及服务为一体的产业集群和特色基地。

9. 皖北农业资源禀赋较强，具有成为世界型农产品加工基地的机会和能力，但是要成为世界型农产品加工基地，从原材料到加工企业，特别是形成有影响的品牌等，都有一段路程要走。目前，围绕现代农业示范带做文章，打造绿色环保型、具有较高特色型农业及农产品加工业，必须解决好农业生产的组织方式、技术使用方式、农业内部产业结构和产品结构调整优化等问题。

第三节　皖北城镇体系化发展与塑造世界型制造基地投资环境和发展环境

一、必须正视城市化分化加剧等新问题，坚持走产业支撑城市群发展道路

目前城市化进程不仅深刻改变了我国经济社会形态，而且也将深刻改变整个城市体系，这个过程将蕴藏着巨大的发展潜能和发展机会。未来的大城市、巨型城市发展已经存在较多问题，中小城市、围绕大城市的卫星城市化发展将是中国城市化发展仅有的选择项。一方面城镇化导致的人口资源要素的空间流动，大量人口向就业机会多、吸引力强的大城市流动是内在规律使然，但大城市发展中存在诸多问题，从世界其他国家和我国现在城市发展来看，已经难以为继，并进一步制约整个社会健康发展。因此必须正视城市分化加剧、局部面临调整等新问题。另一方面区域板块竞争力弱化，城市群发展缓慢已经成为影响阻碍社会发展的关键因素，中国经济要摆脱长期“L”型，必须基于城市群经济兴起，走产业支撑城市的发展路径。

二、抓住城镇化发展档期，走中小城镇化道路

皖北是平原地带，人口基数大，有发展中小城市的基本条件。抛弃发展小城镇不切实际，但是一味发展小城镇，也面临小城镇难以解决就业和产业缺失等问题，因此立足基本现实，顺应发展规律，整个城市发展应该走向城市群体系，即在发展皖北6个市的基础上，按照流域经济发展要求，做大中心城市，发展卫星城市，适当发展小城镇，形成中心城市—小城市—小城镇协调发展的城市体系。《皖北“十三五”规划》中，强调了要加大中小城市、中小城镇建设，也主要是防止城市建设中“摊大饼”、单中心设计倾向，同时要加强城市之间联系

和合作，也是希望通过中小城镇化发展，建立城市之间功能互补，改变皖北中小城市之间按城市人口规模和行政级别设计等级化的城市发展方向。总之，未来皖北城市发展应该建立功能互补的链网化城市体系和空间平衡的城市网络化体系。

皖北城市化发展将会进一步加大基础设施投入力度。城市和城市群内的中小城市（镇）的基础设施投资将会持续增加，城市群内部和城市群之间的基础设施投资潜力也将不断释放。另外皖北城际铁路进一步建设，将会进一步加大整个基础设施投入的倍增效应；同时，城市群形成的规模经济和外部经济将会进一步提高全要素生产率，将会有助于形成整个产业发展和投资环境。

为了进一步推动皖北网络化城市体系建设，发挥好城市对产业的吸纳和承载功能，皖北各个城市必须做好副中心城市建设，发挥好副中心城市对人口吸纳和对产业的支撑能力。阜阳人口众多，要发挥阜阳主城区、临泉及颍上两个副中心城市作用；亳州要积极打造蒙城副中心城市；蚌埠围绕淮河生态经济带建设，要加大力度建设北部城市，同时积极打造五河为中心副中心城市建设；淮南要积极利用寿县邻近航空港优势，打造好副中心城市和航空产业园区；宿州和淮北组团发展中，要构建好砀山（萧县）—宿州—淮北三角关系，宿州要推动萧县和砀山成为增长极。

三、加强城市规划调整，保护好农民的财产权利

皖北城市群建设将进一步提升社会公平和增加农村社会财富。中小城镇化发展，特别是产业与城镇化融合发展，将把不同规模、不同类型的城市，包括集镇、美好乡村纳入整个城市群发展体系中，不同城市和社区融入分工协作和互惠互利的城市网络化体系中，将会进一步形成分工和合作关系，有助于建立系统之间的联系，有助于发挥现有的皖北土地效益、农村财产效益，有助于获得公平的发展机会，进而更好地促进区域协调发展，缩小农村和城市差距，有助于降低社会发展中的不公平，实现产业人才本地化，建立产业和人才之间的协调发展机制。

第四节　皖北成为世界型制造基地必须正视的问题

皖北要成为名副其实的世界型制造基地依然面临着相当大的挑战。一方面皖北虽然人口众多，但是地区差存在、发展基础相对落后。人口流失、高新技术产业难以落地是影响皖北发展的关键因素之一。另一方面，皖北创新创业环境依旧与其他地区存在差异，这既是影响先进产业在本地化发展的制约因素，又是阻碍产业链延伸、产业集群集聚化机制难以形成的重要瓶颈。另外，皖北城市化过程中，生态环境问题也是不容回避的关键问题。

在产业创新环境方面，安徽省政府有一系列政策支持，地方各级政府也出台相关政策支持，特别是在大项目落地方面，各地政府在项目审批、土地保障方面都做了地方政府能够做的工作，但配套政策的不成熟和基础设施供应不足等削弱了这些政策的支持作用。例如，部分产业园区出现交通设施投入不足、配套设施跟不上问题。工业园区内部产业服务设施不够，例如产品检测到外贸出口等方面，依旧存在公共产品供应不足和其他产业配套滞后等问题。

基础设施建设不足、配套设施不够直接影响了皖北的投资环境。从苏北过去十五年的发展过程看，基础设施建设的改善，是推动苏北发展并取得成功的关键所在。

一、皖北与苏北相比，从基础设施到产业发展，差距在扩大

以苏北淮安市为例，在“十二五”期间，有18家高校院所研发机构落户，引进国家“千人计划”专家89名，入选省“双创人才”62名，建立校企联盟300家，创建国家级大学科技园区。全社会研发投入占GDP比重达1.7%，国家级高新技术企业增加到246家，累计实施3000万元以上工业技改项目500项，高新技术产业产值占比达26%，科技进步贡献率达51%，5年分别提高6.7个和9个百分点，科技创新成为引领产业升级的重要支撑。在“十二五”期间，全市公

路总里程达到 1.3 万公里。相对而言，作为皖北基础设施提升最快、面积最大、人口最多的阜阳市，“十二五”期间建成普通国省干线公路 297 公里，改造升级县乡公路 1148 公里，全市公路总里程达 1.3 万公里。从人均公路里程数来看，整个皖北相对于安徽平均水平来说依旧存在较大差距。

从表 3－1 可以看出，苏北地区在 GDP、规模以上工业总产值、高新技术产业产值方面，这几年已经取得显著性增长；在量化未来发展能力指标（全社会固定资产投资）方面，苏北与皖北相比，已经具有明显的优势地位。

表 3－1　苏北地区与皖北地区部分指标情况比较

地市	GDP（亿元）	规模以上工业总产值（亿元）	全社会固定资产投资（亿元）	高新技术产业产值（亿元）
苏北	**16564.3**	**36326**	**13758.57**	**11358**
徐州	5319.88	12216	4266.12	4505.3
宿迁	2126.19	3863.3	1838.97	773.55
连云港	2160.64	5433.1	2077.35	1936.9
淮安	2745.09	6560.5	2203.24	1687.2
盐城	4212.5	8253.6	3372.89	2455.4
皖北	**6360.41**	**9954.2**	**6208.67**	**2273.2**
淮北	760.39	1814.6	925.2996	467.8
亳州	942.61	959.39	767.3005	294.9
宿州	1235.83	1623.3	1133.394	181.2
蚌埠	1253.1	2596.8	1457.9714	964.8
阜阳	1267.5	1989.7	1004.981	266.1
淮南	901.1	970.42	919.7254	98.4

数据来源：《2016 年统计年鉴》，江苏省统计局、安徽省统计局。

二、皖北新兴产业各具特色，但规模和质量有待提高

当前，产业结构调整已经成为中国经济发展的主线，战兴产业的

发展和更替将会成为促进产业结构升级的主要推动力。但是，对于现阶段皖北各个地市如何发展战兴产业，是继续沿袭过去的产业转移还是直接通过技术和产业自身力量获取发展道路？值得我们进一步研究。

皖北地区同样面临类似战兴产业发展问题，既要结合自身资源禀赋与技术水平，打造具有皖北特色的区域主导产业（如：中草药、食品加工以及现代农业等），又要紧跟当前产业革命的潮流，大力发展电子机械、汽车、新能源、机器人以及互联网等产业，还要顺应国家安全战略的需要（如皖北地区基本被划入中原经济区，主要保障国家粮食和农产品供给安全）。既要注重经济总量，更要注重战兴产业发展的质量（关联程度、创新能力以及节能环保等），实现皖北经济社会可持续发展。因此，未来在制定政策时，还需根据实际以及国家战略需要做出适当调整。

三、组织建设有弱化倾向，体制和机制设计需要进一步优化和调整

中共安徽省委、安徽省人民政府《关于促进皖北地区又好又快发展的若干意见》（以下简称《若干意见》）正式印发。《若干意见》提出，要进一步加大对10个方面的支持力度，努力推动皖北地区经济社会又好又快发展。这几年通过支持皖北发展的政策实施和皖北领导干部及人民群众的努力，皖北确实发生了翻天覆地的变化，经济实力和社会事业都取得了巨大发展。“十二五”期间皖北地区克服煤炭等传统主导产业生产明显下滑的不利影响，生产总值年均增长10.2%，经济总量由3971.2亿元增加到6881.8亿元。财政收入年均增长15.2%，由482亿元增加到976亿元。固定资产投资、进出口总额、实际利用外商直接投资等经济指标增幅均高于全省平均水平。各类市场主体快速成长，2015年规模以上工业企业数达到6090户。各类园区蓬勃兴起，省级开发区达到57家，蚌埠高新区、淮南经开区进入国家级开发区行列。“3+6”南北合作共建现代产业园建设扎实推进，累计完成投资488.3亿元、财政收入26.2亿元。

“十二五”期间，皖北取得巨大成就，一方面是顺应整个国家发展

形势，形成了皖北发展机会；另一方面是安徽省适时实施政策助推了皖北发展步伐。但是现在国际形势发展很不明了，国内经济发展处于三期叠加和新常态，这样的内外环境下，皖北在“十三五”期间，如果要取得更大发展，除了皖北干部群众努力之外，更需要省委省政府从更高的政治高度和历史发展角度出发，从制度层面上做好设计，从组织架构到人才资源等各个方面下大功夫，进一步做好支持皖北发展的工作。

客观地讲，安徽与江苏具有不同的省情。对江苏而言，“南北协调发展”的要求更迫切，而安徽“南北共同发展”的要求则更强烈。由于皖南经济实力远远落后于苏南，皖北经济社会发展中的资源、环境等制约因素也更复杂，安徽南北结对合作作为新兴事物，完全照搬苏南苏北挂钩合作经验并不现实。但是，“他山之石，可以攻玉”，通过借鉴江苏加快苏北发展有益经验，确实可以启发安徽做好振兴皖北的基本思路、优化发展的方式方法。

2001 年 6 月，江苏省委省政府决定成立苏北发展协调小组，重点加强对苏北发展的组织领导，到 2016 年省委省政府召开加快苏北发展推进全面建成小康社会工作会议，15 年的发展，已经从单纯的产业转移发展到经济社会协调发展，深入到经济社会各个领域。从江苏协调发展的实际看，有几点我们已经在落实，但是更多地方有待于进一步加强。

第一，规范省级部门的分工负责制。从组织机构看，江苏建立了苏北发展协调小组、苏北办和联络员制度，这项制度的好处是强化了分工合作。通过“协调小组规定具体任务、苏北办协调分工、联络员强化落实”3 条途径促进各项任务有效分解、实施。

第二，规范挂钩双方合作行为。从苏南支持苏北看，是全方位支持，从最初的产业转移到后来的社会工作发展，而且各项工作开展都有硬性要求，并得到贯彻落实。

第三，规范共建园区建设。对共建开发区申报、扶持政策、园区封闭运行与管理、土地利用、园区考核评价都有详细规定。

第四，政策支持更加具体，并且指向性很明显。例如，整个“十二五”期间，江苏省级工业、现代服务业和商务发展等专项引导资金实行分区域项目准入门槛，确保投向苏北的比例不少于全省的 30%；

国家农业综合开发项目资金和省级涉农专项资金用于苏北地区的比例不低于 55%；省级城镇基础设施建设引导资金对苏北区域供水管网建设的奖励比例在 36%以上。

从安徽省自身发展来看，存在组织建设的弱化倾向。从组织上保证省委省政府关于皖北发展决策得以贯彻落实是结对合作工作顺利开展的基础。从目前“皖北地区发展领导小组＋领导小组办公室（皖北办）＋会议制度（每年一次座谈会）”的组织架构来看，不可谓不强，但针对南北结对合作进行组织、协调和督查的实际工作效果却不够理想。虽然南北结对双方都迫切希望皖北办提供更多的政策供给、更权威的合作规范，但由于皖北办缺少承办皖北地区发展领导小组各项重要任务所需的权责划分，在执行重点工作分工和考核奖惩等方面有较大困难，像“联络员”等制度已经基本停滞。这产生了 3 个方面的严重问题：第一，阻碍了南北结对合作双方与皖北地区发展领导小组之间顺畅的信息交流。从我们调研的情况看，多数结对合作单位并不清楚通过何种组织渠道来保证自己的诉求能被有效地传递给省政府。第二，削弱了皖北办在南北结对合作中的作用。由于没有强有力的权责保障，皖北办针对结对合作进行“督查考核”“协调矛盾”等职责只是停留在纸面上。第三，影响了结对双方对合作的积极性。结对合作的核心是政府行为，如果皖北办难以为合作双方提供及时的政策供给，也无法对合作效果进行考核奖惩，同时其作为省政府与结对双方之间信息纽带的作用不断弱化，将导致许多结对单位产生“南北合作是短期行为”“未来只能维持现状”等消极思想。

四、加强南北合作共建园区合作体制机制改革，形成南北合作可持续发展的载体和平台

自 2012 年启动建设以来，安徽省南北合作共建园区建设取得显著成效。截至 2017 年 3 月，各园区累计完成固定资产投资 732.4 亿元，实现财政收入 42.1 亿元，税收 28.4 亿元。5 年南北合作园区累计征地 7.3 万亩，拆迁 314.3 万平方米，建成道路 179 公里、标准厂房 129.2 万平方米，园区建成面积达 53.1 平方千米，各园区围绕主导产

业和支柱产业，全力开展招大引强和项目建设工作，累计引进项目620个，其中10亿元以上项目58个，开工项目348个，建成投产项目165个，招商引资到位资金773.5亿元。

但是也必须看到，我省南北共建园区历经五年的运作发展，在取得阶段性成效的同时，也存在着一些深层次的问题和挑战，具体表现在以下方面。

1. 政府合作主导的共建园区建设模式单一。目前，“3＋7”产业园区是皖江、皖中与皖北市县之间一对一结对、点对点帮扶的合作共建模式，初衷在于借助行政力量和政府“有形之手”，加强和推动皖江、皖中与皖北之间的区域合作、产业转移与资源优势互补。政府主导型共建园区模式的优点是：当地方政府具有强烈的自主合作意愿时，合作双方通过行政力量对各种资源进行整合和调动，可以使共建园区在短期内快速发展，取得明显成效。但其缺点也是十分明显的。第一，在结对合作对象的匹配上，主要是基于经济总量、人均财力和综合实力等因素的考虑，并没有根据南北各市县的要素禀赋、产业结构、资源互补等特点进行针对性的挂钩，具有明显的拉郎配性质，导致两地在协调分工、产业合作、资源共享上难以实现互利共赢。第二，共建园区的合作对象仅仅局限于本省地方政府之间，没有向经济发达的外省市拓展延伸，也没有建立与省内外大型企业的合作机制。第三，皖江市县处于急需加速发展阶段，自身发展不够充分，且与皖北的经济级差并不十分显著，在没有有效汇聚外部资源的情况下，皖江地区仅靠自身能力难以有效带动皖北发展。

2. 利益共享和利益补偿机制尚未建立。无论哪种形式的园区共建模式，可持续发展的核心在于合作各方在互利共赢的基础上获得合理的利益分享和利益补偿。目前，对于参与结对合作的皖江市县而言，南北共建园区建设是一项纯粹的政治任务。在经过长期、持续的投入和输血之后，皖江地区未来如何从共建园区中获得经济回报以及回报的比例是多少，这些利益共享和利益补偿机制尚未明确和建立，因此导致皖江各市县的动力有所差异，任务执行效果不一，共建园区的发展水平参差不齐。

3. 考核机制和奖惩制度严重缺失。皖办发〔2009〕23号文件对于南北结对合作和共建园区的考核提出了纲领性要求，到2016年底，虽然出台了具体的考核指标体系、考核内容和考核办法，但是执行效果有待于观察。从苏北发展来看，没有有力的考核机制和奖惩制度，意味着缺乏有效的激励机制和监督保障机制，双方推动共建园区建设的积极性大打折扣。

4. 用人机制和人员激励机制不够完善。据调研情况来看，皖江派驻共建园区援建干部的工作热情、先进理念和精神状态确实有助于共建园区建设，值得很多皖北干部学习。皖江派驻干部离乡背井，远离亲人，有形和无形的付出要比在原工作单位多得多，这些不能仅靠号召、靠道德力量的驱动，组织必须从制度层面予以补偿和激励，从经济待遇和政治待遇两方面予以落实。现实的情况是派驻干部的经济待遇并没有比派驻前有明显改善。对于派驻干部最为关心的政治待遇，各地做法有所差别，一般采取原级别或者提一级派驻，但普遍缺乏对于援建任务结束后援建人员的政治待遇进行清晰的安排制度，这导致派驻干部人心不稳，大大削弱了援建的成效。

5. 缺乏科学合理充分的先期规划。园区建设，规划先行。科学合理充分的规划是建设高水平现代化产业园的先决条件，需要前瞻性地将主导产业定位、产业配套、项目选择以及基础设施布局有效衔接。目前，一些南北共建园区急于尽快出成绩，在没有经过充分论证和科学合理规划的情况下，抱着“挖到篮子里就是菜”的思想，大干快上，“眉毛胡子一把抓”，结果引进了一些市场竞争能力弱、发展前景暗淡、技术水平落后的产业项目，不仅无助于促进符合本地要素禀赋和比较优势的特色主导产业发展，而且挤占了有限的宝贵资源，制约了产业升级与转型。

6. 园区运营不够顺畅。共建园区在实际运营中面临一些障碍性因素，主要表现在两个方面：内部沟通机制不畅和外部协调机制缺失。

园区共建双方在建设理念、文化观念、技术经验和工作方法等方面存在着差异，这些差异可能正是南北结对中最需要皖江地区向皖北地区传输的要素。但在实际工作中，内部沟通机制不畅导致双方的差异没有很好地融合，援建方的先进理念和技术经验无法得到有效地贯彻和实施，制约和阻碍了共建园区的快速发展。一些外部因素也严重影响共建园区的发展。比如：虽然省委省政府明确要求共建园区由援建方主导运营，但是存在着一些受援地市县的高层领导随意干涉园区的招商选资，对不符合共建园区要求的产业项目“大开绿灯”。还有，园区缺乏与受援地各行政管理部门的对接机制与协调机制，大大影响了园区的运营效率。

五、加强工业走廊和产业园区谋划，提高皖北制造基地对外整合能力

安徽省“十三五”规划、皖北“十三五”规划和中原城市群规划实施方案等诸多规划和文件中，都明确了未来城市之间要走分工合作、协同发展道路。例如在《安徽省“十三五”规划纲要》中关于淮河流域综合治理和绿色发展表述中强调“以合蚌高铁为纽带，打造蚌埠—淮南城市联合体，构筑沿淮地区工业化和城市化核心高地”；《皖北“十三五”规划纲要》强调“加强各城市间的分工合作和协同发展，推进交通链接、产业融合、功能互补、生态共建，支持蚌淮（南）、宿淮（北）城市组群建设，引导促进各城市之间统筹协调发展，逐步形成有序竞争、联动发展的皖北城市群”。

协同发展、城市群发展乃至一体化发展，不仅仅是基础设施的对接工作，更重要的是做好产业之间分工与合作关系，毕竟同质性可以达到集聚目标，但是对于不同城市发展，必须做到功能互补、结构互补、内容互补，这样才真正达到城市之间的合作和对接，真正形成世界型产业集群、世界型产业基地目标。因此围绕世界型制造基地目标，在空间发展上必须做好工业走廊和园区建设，真正促进产业落地，做到空间与产业有效配置。按照“全域产业”[①] 概念，做到打造优势产

---

① 全域产业概念借鉴于全域旅游概念。全域旅游是指在一定区域内，以旅游业为优势产业，通过对区域内经济社会资源尤其是旅游资源、相关产业、生态环境、公共服务、体制机制、政策法规、文明素质等进行全方位、系统化的优化提升，实现区域资源有机整合、产业融合发展、社会共建共享，以旅游业带动和促进经济社会协调发展的一种新的区域协调发展理念和模式。

业，发挥好资源优势，做到环境、主体和体制机制全面优化提升，实现区域资源有机整合、产业之间有序发展，强化产业和城镇一体化发展，形成区域经济社会协调发展模式，全面提升皖北产业规模和质量，推动经济社会可持续发展。

1. 通过科学规划，依托流域和交通运输体系，有序安排，分步推进，最终形成“一带、四轴、三圈”的产业空间布局。

（1）沿淮工业带引领

“一带”主要是指沿淮工业带。中国经济带发展，无不依托于主要节点城市的发展，形成以城市发展为中心、带动周边发展的空间布局，例如以上海为中心，辐射周边区域，从而带动区域整体的发展；流域经济发展也是以某个极点为中心，例如以城镇发展为中心，最后形成周边发展态势。随着综合性的交通运输体系打通后，安徽沿淮工业带发展，京九、京沪等主干铁路网和高速路网，已经形成南部对接珠三角、东部对接长三角、北部对接京津冀的发展态势，打造沿淮工业走廊，可以形成珠三角、长三角和京津冀为邻的工业发展带。同时，这“一带”产业特色明显，已经形成了新材料、电子显示、汽车及零部件制造、能源及化工工业制造优势。

（2）四轴联动

依托交通通道和产业布局，按照不同级别和先后顺序，轴带组织产业发展网络，促进生产要素向轴带和交通节点重要园区集聚，以线促点、以点带面，整合、优化整个产业在空间的布局，形成依托轴带、聚内联外、开放式的空间发展态势，进一步提高产业对城镇化的带动能力和城镇化提升资源配置效率，形成对周边的辐射带动能力。

重点推进“四轴”产业空间布局。①建设阜阳—亳州生物医药产业带，按照资源禀赋和生物医药产业发展优势地位，做好生物医药产业基地建设；②建设亳州—蒙城和蚌埠发展带，沿涡河发挥好劳动力资源禀赋，主要做好产业转移文章，同时积极谋求汽车电子和电子信息产业在该区域的布局；③建设蚌埠—宿州—淮北产业对接带，做好连接京津冀和长三角产业对接和转移，谋求云计算产业、显示产业规模优势地位，延长新材料产业链，做好围绕新材料产业提升传统产业文章；④建设淮南—蚌埠—明光产业提升带，依托硅基、化工等产业发展优势，做好产学研文章，加强技术转移，延长产业链，做好产业融合发展，进一步提升本地产业显著度，吸引和集聚要素资源。

（3）三圈共济

要进一步强化蚌埠、阜阳等 6 个中心城市，特别是国家级园区、省级工业园区带动作用，围绕城市和园区关系，打造建设淮蚌明、阜亳、宿淮三大城市圈，做大做强做优三核，提升三大圈对周边城镇产业辐射带动能力，打造区域核心增长极。

要贯彻《中国制造 2025》和“互联网＋”行动计划，走新型工业化道路，坚持错位发展、差异发展、特色发展、绿色发展，支持各市大力发展主导产业。按照企业主体、政府引导、市场运作原则，突出企业创新主体地位，完善技术创新体系，整合要素资源，优化配置方式，加快打造一批创新能力强、行业领先的大型龙头企业，培育一批知名品牌，做长产业链条，做大产业集群。重点围绕电子信息、汽车及零部件、装备制造、新材料、能源和新能源、食品医药、煤矸石电厂、轻工纺织和现代服务业等主导产业，构建产业配套协作体系，提升市场竞争力。重点培育发展市场前景好、产业关联度高、带动能力强的新一代信息技术、智能装备、新能源汽车、新材料、新能源、节能环保、现代中药和高端医疗器械、现代农业机械八大产业，强化龙头带动，增强创新能力，完善产业配套，促进集群集聚。

我们结合形式发展和当地资源禀赋，认为各地发展重点如下：

淮北市：铝基高端金属材料、煤基新材料、高端成套装备（矿山）等；

亳州市：现代中药、现代农机装备制造等；

宿州市：云计算、新材料、高端装备制造等；

蚌埠市：硅基新材料、高端装备制造、生物制造、文化创意；

阜阳市：现代医药、煤基化工新材料、生物制造、节能环保等；

淮南市：大数据、现代医药、光电新能源等；

定远县：新型化工、节能环保等；

凤阳县：硅基新材料、高端装备制造等；

明光市：凹凸棒新材料、节能环保等；
霍邱县：钢铁深加工产业等。

具体发展中，侧重以产业集聚为支撑，采取“园中园”“专业园”形式，努力打造成布局合理、特色鲜明、产业集聚、集约发展、功能配套的现代产业集聚区。着力加强特色招商、产业链招商、集群化招商发展模式，形成对外空间整合能力。

六、加强职业教育，推动双创教育，夯实人才支撑基础

从皖北地区总体经济发展现状可以看出，皖北地区的经济发展水平相对落后，经济总量处于安徽省发展的中下游水平，需要大力发展经济；皖北地区在经济的发展过程中仍旧呈现“传统农业耕作为主，工业化相对滞后、城市化快速发展”的不协调状态。

虽然皖北拥有丰富的劳动力资源，但根据《安徽省统计年鉴2016》统计数据可知，2015年皖北地区外出半年以上的人口为890.95万，占本地区总人口的28.1%；由2015年皖北各市外出半年以上人口及比重（表3-2）可知，阜阳市外出人口比重高达37.07%，亳州市也保持了较高的外出人口比重，但外出人口主要以一年内的短期外出为主。另外，根据2015年全省外出半年以上人口年龄构成（表3-3）可以推断出，皖北地区流失劳动力以具备较高素质水平的青壮年为主，同时，各年龄段男性均表现出比女性更积极的流动性。

表3-2 2015年皖北各市外出半年以上人口及比重

城市	总人口（万人）	外出半年以上人口比重（%）	外出总人口（万人）
淮北	213.6	12.81	29.85
亳州	633.7	32.12	192.37
宿州	651.8	18.52	119.62
蚌埠	371.2	23.96	87.49
阜阳	1103.5	37.07	391.43
淮南	228.7	16.22	40.12
皖北	3162.8	28.31	862.64

表 3-3　全省外出半年以上人口分年龄构成　　单位：%

年龄（岁）	占外出人口比例	男性的比例	女性的比例
15～19	8.06	4.39	3.67
20～24	17.85	9.48	8.37
25～29	13.18	7.05	6.13
30～34	10.51	5.86	4.65
35～39	10.01	5.73	4.28
40～44	12.40	7.07	5.33
45～49	9.6	5.48	4.13
50～54	3.83	2.24	1.6
55～59	2.37	1.41	0.96
60～64	1.62	0.94	0.68

总之，高素质技能型人才是促进皖北战兴产业快速发展的关键。人才缺失，一方面直接导致本地产业难以寻找到合适的技能型人才，另一方面导致城镇化发展举步维艰，乡村发展呈现破败的景象。

为了适应产业转移和内生发展带来的竞争环境的变化，皖北必须加大职业教育人才培养力度，同时加大返乡创新人才知识和技能培训力度，加快劳动者和创业者知识技能结构更新。

从各地实际看，亳州职业教育已经形成自己特色，例如亳州职业院校普遍开设了中医、中药方面的课程，这点与亳州产业发展特色较为接近。各地必须围绕重点产业、新兴产业发展要求，加快产业的转型升级、新兴产业璞玉对技术技能人才的高规格层次需求相互适应，因此，皖北高职院校必须加强研究，做好人才培养与产业发展需求之间关系研究，同时要通过柔性引进等方式，加强职业院校师资队伍培养和构建，要树立培养一批具有交叉专业背景、能服务新兴产业、新技术应用能力强的技能型人才，同时积极促成高端人才培养和吸收高精尖人才加入本地经济建设。

针对皖北产业发展实际，要建设技能型人才和高端人才发挥聪明才智的环境，首要的是要形成有竞争力的生活环境、城市环境，降低技能型人才进入城市、落户城市的壁垒；其次打造面向高端人才的生活环境，出台一批对高端人才相匹配的，具有一定竞争力需要的政策。

皖北整体职业教育与发达地区还有相当大的差距，要追求高职教育从单纯的适应发展转向高效、和谐、可持续的健康发展，构筑绿色的教育生态环境。地区要形成终身教育体系，还要加强社会发展方面能力和素质培训和培养，不仅要重视短期技术技能，也要重视长期能力养成，例如培育职业适应能力、职业迁移能力、创新创业能力、终身学习能力等可持续发展能力。

皖北不缺创新创业沃土，但是缺少创新创业机会识别的创业者。因此，在加强职业教育同时，要做好产业发展方面培训，要加强对返乡创业者、产业经营者和农业大户等具有创业潜质的人，通过参观、培训等形式引导开展创业活动，形成正确的创业观，走上正确的创业道路。

第三篇

安徽皖北各市战兴产业发展

第四章　提高蚌埠硅基新材料制造业竞争力

自 2015 年 9 月，安徽省政府批复确定蚌埠硅基新材料产业集聚发展基地以来，蚌埠市高度重视，将推进硅基新材料产业基地建设作为贯彻落实省“调转促 4105”行动计划、扎实推进供给侧结构性改革的重要突破口，深入实施“聚焦工业突破，冲刺第一方阵”的关键着力点，聚焦政策引导、统筹财力扶持、集中精力推进，硅基新材料基地建设提质增效升级，2015 年度综合评估成绩居全省首批 14 个基地第 4 位。

第一节　蚌埠硅基新材料制造业基本情况

一、产业规模迅猛扩张

2015 年，蚌埠市硅基新材料基地实现产值 332.6 亿元，税收 22.3 亿元，固定资产投资 60.2 亿元，全面完成省下达的年度目标任务。2016 年 1—11 月，硅基新材料基地实现产值 354.6 亿元，税收 23 亿元，固定资产投资 66.2 亿元。在基地建设的强力带动下，蚌埠市战略性新兴产业 1—11 月实现产值 889.6 亿元，同比增长 27.8%（高于省平均增速 11.6 个百分点），双居全省第 3 位；对全市规模以上工业贡献率达 57%，拉动规模以上工业增长 8.2 个百分点；占全市规模以上工业总产值比重达 33.1%，同比提高 3.4 个百分点，双居全省第 1 位。

二、骨干企业快速集聚

坚持本土企业培育和招大引强攻新并举，蚌埠市玻璃设计院综合收入突破120亿元，成为全国综合型领军企业，其中凯盛科技股份、中航三鑫产值分别突破18亿元、9亿元，分别同比增长91%、13.1%，成为国内显示玻璃、光伏玻璃细分领域前10强企业。推动企业实施“走出去”战略，玻璃设计院成功并购德国阿旺西斯公司及其控股韩国公司，引育人才团队，消化吸收核心技术。凯盛科技股份实施产业链垂直整合，圆满完成对深圳国显公司并购重组，液晶模组生产项目实现2015年当年开工、竣工、投产达效，2016年前11个月实现产值5.3亿元。同时，围绕延伸完善产业链条，激活提升产品群，新集聚深圳豪威科技、德力日用玻璃等行业知名企业，以及浙江哈尔斯、广东心里程等一批产业链关键配套企业，进一步健全了基地发展体系。截至2016年11月，硅基新材料基地拥有规模以上工业企业104户，其中产值超10亿元企业7户，高新技术企业36户。

三、产业链条日益完善

蚌埠硅基新材料已形成以新型显示、太阳能电池和特种玻璃制品三条产业链为主线，以硅质粉体材料和玻璃生产核心装备为重要组成部分的发展体系。新型显示领域：健全了“硅砂加工—高强度盖板玻璃、超薄玻璃基板—ITO导电玻璃—触摸屏—显示模组—终端应用产品”产业链。其中，超薄玻璃基板、ITO导电玻璃、触摸屏及模组等项目建成投产，心里程智能终端产业园、新知科技智能视窗保护屏和显示屏等项目基本建成投产。太阳能电池领域：打造了“硅砂加工—太阳能玻璃制造—镀膜玻璃—薄膜电池组件—光伏工程”产业链。其中，太阳能玻璃等项目建成投产，华光中铝及镀钼玻璃、凯盛光伏铜铟镓硒薄膜太阳能电池、天柱新能源光伏工程项目正在推进建设。特种玻璃制品领域：延伸了“硅砂加工—浮法玻璃—深加工玻璃（Low-E玻璃等）—下游应用产品（玻纤、玻璃微珠、玻璃器皿等）”产业链。其中，550吨/天浮法玻璃、Low-E玻璃等项目建成投产，台玻电子级玻璃纤维、德力新型高分子聚合物膜材料项目正在建设。目前，蚌埠已成为产业规模省内最大、研发平台国内一流、产学研用互动发展、产业链日趋完善的硅基新材料产业基地。

四、创新能力快速提升

新组建 MEMS 国家地方联合工程实验室、安徽省电子信息显示玻璃基板工程技术研究中心等研发平台，拥有玻璃院浮法玻璃新技术国家重点实验室等 43 个省级以上研发平台，约占全市省级以上研发平台的 1/4。超薄浮法电子玻璃关键技术及成套装备开发与应用、TD-LTE 射频一致性测试系统荣获 2015 年安徽省科学技术一等奖。中建材信息拥有完全自主知识产权的显示公司 0.15mm 超薄玻璃基板成功下线，创造国内最薄浮法玻璃纪录。基于智能汽车的高性能三轴 MEMS 陀螺仪技术取得阶段性突破。北方电子研究院满足各项参数设计要求的 EMCCD 器件成功下线，标志着北方电子研究院安徽公司成为国内首家、全球第三家掌握 EMCCD 器件制造技术的单位，有效填补我省乃至全国微电子器件在该领域的空白，为实施微光夜视仪整机生产制造奠定坚实基础。玻璃院高世代电子玻璃基板和盖板核心技术开发与产业化示范项目通过国家重点研发计划重点专项立项，获中央财政 4500 万资金支持（支持额度居第 2 位），产业化项目即将开工建设。积极组建中科院（蚌埠）科技成果交易转化孵化中心，重点围绕硅基新材料产业，推动科技成果交易、转化、孵化、产业化。

五、蚌埠硅基新材料产业存在的问题

在新材料产业快速推进的同时，我们也应该看到，新材料基地建设依然面临一些深层次问题和矛盾亟待有效解决。

1. 重大项目支撑不足、进展缓慢的问题突出

重大项目是基地建设的潜力所在。2015 年 9 月，安徽省政府与蚌埠市政府签订了蚌埠硅基新材料基地建设目标责任书，列入了重点考核推进的 57 个重大项目。从项目规模看，总投资 10 亿元以上项目仅有 300MW 铜铟镓锡（CIGS）薄膜太阳能电池生产线、台玻电子级玻璃纤维生产、8.5 代 TFT-LCD 基板玻璃生产线、柔性 OLED 显示模组产业化等 14 个项目，占重大项目总数的 24.56%，重大项目支撑能力有待提升。从项目来源看，虽然有一批招商引资硅基新材料基地项

目正在洽谈跟进，但真正落地开工建设项目偏少，谋划项目来源还主要依靠本土企业实施。从开竣工项目看，按照目标责任书要求，计划应在2016年底前开工或竣工的项目有28个。经摸排梳理分析，上述28个重点项目有300MW铜铟镓硒薄膜太阳能生产线、高铝高碱高强触摸屏用保护玻璃生产线、新型房屋产业化、600t/d超白浮法玻璃生产线等7个项目，由于原创性技术攻关难度大、市场波动影响等多种原因，未达到序时进度，占项目总数的21.4%。

2. 产业集中程度不高、企业经营形势分化

企业是基地发展的关键支撑。2015年底，安徽省建立了战略性新兴产业集聚基地统计监测体系，将基地产值作为重要的统计指标，是基地评估考核的关键指标之一。截至2016年11月底，蚌埠硅基新材料基地纳入省级产业基地统计监测体系的企业有104户。从企业分布领域看，以龙子湖、高新区等基地核心区域拥有规模以上企业40户，占企业总数的38.5%；核心区域硅基新材料产业规模153.98亿元，占基地产业规模的43.5%，核心区域对基地发展支撑力度不够。从企业经营情况看，产值超10亿元企业仅有玻璃院、蚌埠德豪光电、晟光科技、华光光电材料、凯盛科技股份、蚌埠三颐半导体、智成数控等7户企业，合计产值规模达130.89亿元，占基地产值总规模的36.97%；有26户企业呈现负增长，较上年降幅达19.2%，极大地拉低了其他企业的增长效应；与合肥新型显示、芜湖机器人等基地比较看，骨干企业不多、辐射带动能力不强、企业经营形式分化比较明显。从基地产业链条看，基地已形成了新型显示、太阳能电池、特种玻璃制品等3条相对完整的产业链，但电容式触摸屏导电膜玻璃、太阳能玻璃基板等产品多位中间配套产品，处于产业价值链配角，受终端产品企业订单、上下游配套企业等约束影响，对基地产业链集聚发展辐射带动能力有限。

3. 创新能力亟待增强、市场活力有待激发

创新是基地持续快速发展的不竭动力。2016年3月，省委托第三方对全省首批14个基地进行综合评估考核，省级以上创新平台、高新技术企业、国家及行业标准等创新能力项目是重要的评估考核内容。

从创新平台看，基地拥有浮法玻璃新技术国家重点实验室、安徽硅基薄膜光伏电池省级实验室等省级以上研发平台 42 个，分布于 21 个企业，约占基地企业总数的 20.2%，远低于全市战略性新兴产业研发机构 45%的覆盖率。从高新技术企业数量看，基地拥有硅基新材料高新技术企业 36 户，占基地规模以上企业的 34.6%，占全市高新技术企业的 16.6%，略低于我市电子信息、高端装备制造领域高新技术企业数量。从产品创新能力看，企业库中约有 16 户企业从事玻璃器皿生产，产品创新能力较弱，市场波动影响较大，企业核心技术和关键设备依赖进口，产品主要依靠模仿创新或承接发达地区技术转移，长期游离于行业的非核心地带，处在产业链、价值链低端，自主创新和消化吸收引进技术的能力有待提高。

第二节　蚌埠硅基新材料制造业整体竞争力

一、重大项目分析

2015 年 9 月，安徽省政府与蚌埠市政府签订了蚌埠硅基新材料基地建设目标责任书，列入了重点考核推进的 57 个重大项目。从项目规模看，总投资 10 亿元以上的项目仅有 300MW 铜铟镓锡（CIGS）薄膜太阳能电池生产线、台玻电子级玻璃纤维生产、8.5 代 TFT－LCD 基板玻璃生产线、柔性 OLED 显示模组产业化等 14 个，占重大项目总数的 24.56%，重大项目支撑能力有明显提升。从项目来源看，一批招商引资硅基新材料基地项目正在洽谈跟进。从开竣工项目看，按照目标责任书要求，计划应在 2016 年底前开工或竣工的项目有 28 个。经摸排梳理分析，上述 28 个重点项目有 21 个达到序时进度，占项目总数的 78.6%，由于原创性技术攻关难度大、市场波动影响等多种原因，未达到序时进度，占比项目总数的 21.4%。

二、基地企业分析

2015 年底，安徽省建立了战略性新兴产业集聚基地统计监测体系，将基地产值作为重要的统计指标，是基地评估考核的关键指标之一。截至2016年11月底，蚌埠硅基新材料基地纳入省级产业基地统计监测体系的企业有104户。从企业分布领域看，龙子湖、高新区等基地核心区域拥有规模以上企业40户，占企业总数的38.5%；核心区域硅基新材料产业规模153.98亿元，占基地产业规模的43.5%。从企业经营情况看，产值超10亿元的企业有玻璃院、蚌埠德豪光电、晟光科技、华光光电材料、凯盛科技股份、蚌埠三颐半导体、智成数控等7户企业，合计产值规模达130.89亿元，占基地产值总规模的36.97%；有26户企业呈现负增长，较上年降幅达19.2%，极大地拉低了其他企业的增长效应；与合肥新型显示、芜湖机器人等基地比较看，骨干企业不多、辐射带动能力不强、企业经营形式分化比较明显。从基地产业链条看，基地已形成了新型显示、太阳能电池、特种玻璃制品等3条产业链相对完整。

三、创新平台分析

蚌埠硅基新材料基地拥有浮法玻璃新技术国家重点实验室、安徽硅基薄膜光伏电池省级实验室等省级以上研发平台42个，分布于21个企业，约占基地企业总数的20.2%。从高新技术企业数量看，基地拥有硅基新材料高新技术企业36户，占基地规模以上企业的34.6%，占全市高新技术企业的16.6%，几乎持平于蚌埠市电子信息、高端装备制造领域高新技术企业数量。

第三节　蚌埠硅基新材料产业集聚能力发展及对策

一、进一步加强组织推进

在组织管理上，蚌埠市已经积累了好的经验，例如政府领导主持召开基地建设专题会议、办公室召开项目调度会议、坚持专家咨询制度、举办硅基论坛和邀请专家及知名企业对基地建设过程中的重大问题开展研究，对基地建设过程中涉及的重大技术创新成果，进行评估论证，这些经验对皖北推动战兴产业基地建设都具有好好地借鉴，但是我们也看到，蚌埠市硅基新材料基地建设已经走过了起步阶段，需要进一步通过大企业、龙头企业、核心企业带动整个产业上台阶，需要通过市场组织、网络化组织来进一步强化对产业集聚、对资源解决作用，因此，在未来发展中如何谋求市场和产业发挥主导作用，政府做好服务工作，并能够继续固化，形成工作常态，是政府必须加以思考的内容。

二、进一步突出政策引领

在进一步推进落实《“十三五”硅基新材料产业基地建设规划》基础上，结合供给侧改革基本要求和安徽省五大行动加护，结合战兴产业一般路径，进一步推动技术对产业支撑作用，进一步加大要素集聚能力，具体落实到大企业落户和如何推进大项目落地，通过大企业、核心企业和大项目发展等路径，推动产业集聚；同时积极推动产业上下游联动和产业之间融合发展，发挥好政策支撑力度，积极创造条件，进一步优化政策支持，全方位、多维度扶持产业发展。

三、进一步突出重大项目支撑

依托市级项目网络调度平台，常态化更新充实省硅基新材料产业基地项目库，及时调度解决项目建设难题。严格实施项目工作责任制，落实“四督四保”调度机制，开工玻璃设计院 8.5 代 TFT－LCD 液晶显示基板、41 所现代通信仪器及自动化装备制造中心等重大项目，加速实施凯盛科技铜铟镓硒薄膜太阳能电池、台嘉玻纤电子级玻璃纤维等项目，建成投产中光电高强触摸屏用保护玻璃、施普瑞德年产 10000 万平方米超高分子聚合膜等一批项目。进一步加大招商力度，围绕新型显示、智能终端产品、特种玻璃制品等领域，深入开展产业链招商、以商招商，着力引入一批投资 20 亿元以上、技术水平高、处于产业链关键环节的重大项目。

四、进一步突出自主创新驱动

牢牢把握安徽省以合芜蚌自主创新试验区为重要依托，推进全面创新改革试验的重大机遇，制定实施蚌埠市全面创新改革试验实施方案，围绕硅基新材料产业基地建设、科技成果转化等领域，推进实施一批创新改革举措。持续提升浮法玻璃新技术国家重点实验室、微电子机械系统国家地方联合工程实验室等现有平台研发攻关水平，积极争创国家级硅基新材料制造业创新中心，新建一批省级以上研发平台，面向高世代液晶显示玻璃基板、玻璃减薄成型、硅 MEMS 传感器等领域，重点研发和攻关一批工程化技术。发挥国际玻璃协会资源优势，创新人才引入和合作方式，集聚更多国家千人计划、省百人计划等领军人才，新组建一批省、市创新团队。

五、进一步突出资源要素保障

发挥专项资金引导放大作用，组织发行中小企业私募债、中小企业集合信托计划、区域集优集合票据等金融产品，扶持企业进入“新三板”开展股权融资，进一步拓宽硅基新材料企业融资渠道。强化政府、银行、企业间互动，支持驻蚌金融机构向上争取信贷规模和政策支持，扶持全市硅基新材料企业和项目建设。实施《促进融资性担保行业持续健康发展若干意见》，引导推动融资担保公司为新兴产业企业提供融资担保。扩大商标专用权、专利权质押、应收账款质押贷款规模，进一步解决中小企业担保信用资源不够的难题。进一步扩大硅基新材料产业投资基金，采取股权、债权投资等方式扶持企业发展。保障硅基新材料产业项目用地需求，进一步做好硅基新材料产业土地供给规模和速度，积极从省下达的新增建设用地指标中，单列不少于30%支持硅基新材料产业项目建设，支持重大项目申请省级预留用地指标和省单列指标。

第五章　提高淮南煤化工产业链发展能力

虽然目前国内有各种质疑的声音，包括煤炭深加工会进一步加大碳消费，不利于生态环境；随着国际油气价格下降，煤炭深加工经济性值得怀疑；煤炭深加工技术难度大等。不管什么观点，对于淮南来说，未来还得走煤炭深加工和煤化工产业发展道路。另外 2014 年习总书记在中央财经领导小组第 6 次会议上强调煤炭清洁高效利用是能源供给侧改革的核心内容，特别是在煤制油、煤制气、煤制烯烃等现代煤化工产业方面，要进一步突破瓶颈，降低成本等。

淮南市位于安徽省中北部，资源丰富，淮南煤田是我国黄河以南最大的煤田之一、我国十三大煤炭基地之一，探明煤炭储量 153 亿吨，占华东地区储量的 50%、安徽省储量的 74%。淮南煤品质优良，是理想的动力及化工用煤。丰富的煤炭资源为煤化工产业发展提供了有利条件。

第一节　淮南煤化工产业发展基本情况

一、煤化工产业基础雄厚

改革开放以来，淮南煤化工产业得到了较快发展，在全国煤化工产业中占有重要地位。经过几十年的发展，淮南煤化工现已形成门类比较齐全、品种大体配套、科研设计教育基本完备的产业体系，成为淮南市的三大支柱产业之一。通过长期发展，淮南煤化工产业汇集了多种煤气化技术，掌握了煤气化多联产制造化工产品的前沿技术，为煤化工上大项目、建大装置奠定了基础。目前全市拥有 3 家大型煤化工企业，分别是安徽淮化集团有限公司、安徽德邦化工有限公司、中安联合煤化有限责任公司，这些大型龙头企业为淮南市煤化工产业的发展培育了一大批技能型和经营管理型人才，积累了丰富的项目建设经验。

二、产品结构趋向多样化

淮南市境内有煤炭、煤层气、石灰岩、白云岩、高岭土、陶粒页岩、钾长石、磷灰石等多种矿产，繁多的矿产资源造就了淮南煤化工产品的多样化，目前淮南煤化工产品种类多达40多种，主要分布在纯碱、甲醇加工、焦化、硝酸盐加工、氨加工、精细化工等6大产品系列。其中，部分产品如安化集团生产的尿素产品市场占有率非常高，销量在全国乃至亚洲都处于领先地位。

三、产业的集聚效应初显

淮南市政府通过对现有化工产业基础、产业布局情况进行分析，结合资源条件和行业发展趋势，确定了淮南新型煤化工产业发展的“四大产业板块”：一是构建煤基石化产品（煤制烯烃、煤制乙二醇、煤制芳烃等）及下游产品发展产业板块；二是替代燃料产业板块（煤制天然气、煤制油、煤制乙醇等）；三是基础化工及下游产品产业板块（化肥、纯碱等）；四是以化工新材料和新型精细化工产品为特色的高端石化产品板块。四大产品板块的发展初见端倪，新型煤化工产业集聚效应开始显现。

第二节 淮南煤化工产业链整体竞争力

一、产业价值链配套能力分析

1. 金融机构配套

煤化工为资本和技术密集型企业，大型煤化工耗资巨大，需要有充足的资金保障，而淮南市以金融业改革为动力，以加快转变金融业发展方式为手段，截至目前，淮南市已拥有银行、保险、证券、担保等金融机构 110 家，金融体系结构逐步完善。此外，淮南市政府强化市场运作，创新投融资方式，积极筹划构建新型煤化工基地建设融资平台，努力为煤化工产业的发展提供资金保障。

2. 科研机构配套

截至 2015 年末，淮南市拥有国家级研究院 1 家，国家级工程技术中心 1 家，国家级企业技术中心 2 家，国家级重点实验室 1 个，国家级工程实验室 1 家；省级工程技术研究中心 27 个，省级实验室 2 家；市级工程技术研究中心 50 个，市级重点实验室 2 个；国家级、省、市创新型（试点）企业 78 家。

3. 中介机构配套

淮南市积极引导商务服务业的发展，建设了一批业绩良好的会展、会计、广告、评估、房介、职介、法律、技术、设计等专业服务机构。紧抓高速铁路建设的大好时机，吸引一批长三角发达地区的品牌化商务服务机构进驻淮南。因地制宜，与淮南各煤电企业合作，制定优惠政策，吸引高素质的管理人才和咨询行业从业人员来淮南工作，打造一批有国内国际竞争力的能源行业咨询公司，重点发展矿山瓦斯治理，电力电厂建设、检修等外包服务。

二、产业创新能力分析

淮化集团、中安煤化等龙头企业先后与清华大学、华东理工大学、合肥工业大学等知名高校，以及中国科学院、西北化工研究院等建立了密切合作关系，科技创新能力不断增强。

1. 创新成果分析

2015 年，淮南煤化工专利申请量达到 800 件以上，累计获得中国专利金奖 1 项、中国专利优秀奖 1 项、省专利金奖 2 项。

2. 创新平台建设状况

截至 2015 年，累计建设国家、省、市级各类科技创新平台 142 个，其中，国家级平台 7 个、省级以上平台 71 个。国家煤化工产品质量监督检验中心，成功获得国家的授权认定，是一个集检验检测、科研、标准制修订、信息服务、技术培训为一体的高技术服务平台。

3. 创新人才集聚状况

创新人才集聚效果显著。"十二五"以来，大力实施创新团队建设工程，以煤化工产业为基础，围绕支柱产业和主导产业组建"1133"团队31个、"50·科技之星"团队20个，建立"院士工作站"7个和"博士后科研工作站"4个。

表5-1 淮南煤化工产业技术发展状况

产品规模	技术水平及来源
总氨（合成氨＋甲醇）约54万吨	淮化集团与化工部第三设计院等单位联合开发，国内第一套合成氨联甲醇工艺，获得国家设计金奖，国内领先，新系统国际先进，国内领先
精甲醇6万吨	与化工部第三设计院等单位联合开发，双塔精馏工艺，国内领先
甲醛4万吨	自主开发，国内先进
硝酸铵28万吨	国内技术，中和法，传统技术
	水溶液全循环法工艺，技术落后
浓硝酸60万吨	苏联直接泡制浓硝酸技术并自主在大范围内进行独特的技术改造，由建设初期的年产4万吨扩产至目前的12万吨，国内领先
稀硝酸13.5万吨	双加压四合一机组，伍德工艺，国内领先
间接法浓硝酸8万吨	硝镁法，传统技术，国内先进
混甲胺4万吨	国内技术，国内领先
二甲基甲酰胺（DMF）4万吨	引进美国AAT公司一步合成法技术，自主技术改造扩产，国际先进，国内领先
焦炭28万吨及配套化产回收装置	与鞍山焦炭耐火材料设计研究院联合开发，淮南单一煤种侧装捣固炼焦工艺，国际先进，国内领先
18万吨合成氨、30万吨尿素装置	分别引进美国德士古水煤浆加压气化工艺，国内南京化学公司NHD脱硫脱碳专有技术，丹麦托普索氨合成工艺，意大利斯那姆氨氨气提法制尿素工艺，法国液空公司内压缩双泵空气分离工艺，整套控制系统采用DCS集散控制，装置为国际先进，国内领先

（续表）

产品规模	技术水平及来源
4 万吨过氧化氢	自主技术改造，技术水平国际先进，国内领先
60 万吨纯碱和 65 万吨氯化铵	联碱工艺，技术水平同行业先进

三、市场竞争力分析

近几年，随着国家西部大开发战略的实施，西北地区陕西、甘肃、宁夏和内蒙古等省区资源开发和化工产业迅速发展，能源重化工等已成为这些省区重点发展的产业之一，给淮南市煤化工产业发展带来很大压力。这些省区自然资源和淮南市有部分类同之处，在不同领域、不同产品上都存在不同程度的竞争。随着近年来国内能源化工建设的升温，我国西北富煤地区均在利用资源优势进行大规模能源化工项目的规划建设。有些项目已经投产，带动基地内其他项目快速发展，预计在“十三五”时期我国将形成 3～5 个大型煤化工基地。这些基地建设的项目由于较早地占领了技术和市场的先机，因此对后续建成的项目构成了一定的威胁。另外，一些传统的煤化工企业，如河南、山东等地中部地区的企业，均利用自身优势，较早地建设成了一些煤化工基地，都在利用已具备的优势加快扩张的速度。因此，作为新进入者，竞争压力较大。

第三节　淮南煤化工产业发展制约因素分析

一、煤矿去产能任务十分严峻

我国推行供给侧结构性改革，化解煤炭过剩产能成重中之重，煤炭产量占全省近半数的淮南更是重压前行。淮南市发改委统计，在化解过剩产能过程中，淮南矿业集团和国投新集两大企业将在 3 年内陆续关闭总量近 2000 万吨的 6 对煤矿，涉及约 5 万职工分流转岗，给当地带来较大的就业压力和其他社会问题。

二、工艺技术尚需进一步优化

过去淮南市的大型企业主要以煤炭开采为主，煤化工产业虽然起步较早，但多以传统煤化工为主，化工企业多为中小企业，实力有限，大规模、高水平、高投入的项目少，大部分企业技术水平还比较低，如先进的水煤浆加压气化技术只有淮化集团一家企业采用。化工产业下游加工高新技术由于缺乏大型企业和装置依托，具有特色的高新技术更少。

三、产业链有待进一步延伸

淮南市化学工业近几年虽然取得了较快的发展，但由于历史和现实的诸多原因，整体规模和水平仍落后于国内先进水平。目前淮南市化工产品仍以化肥、纯碱等初级产品为主，后续产品加工延伸度有限，缺乏上下游一体化的完整的产品链。特别是安徽省具有明显资源优势的煤化工和盐化工产业尚未形成规模化、系列化的产业链结构，竞争力需进一步加强。

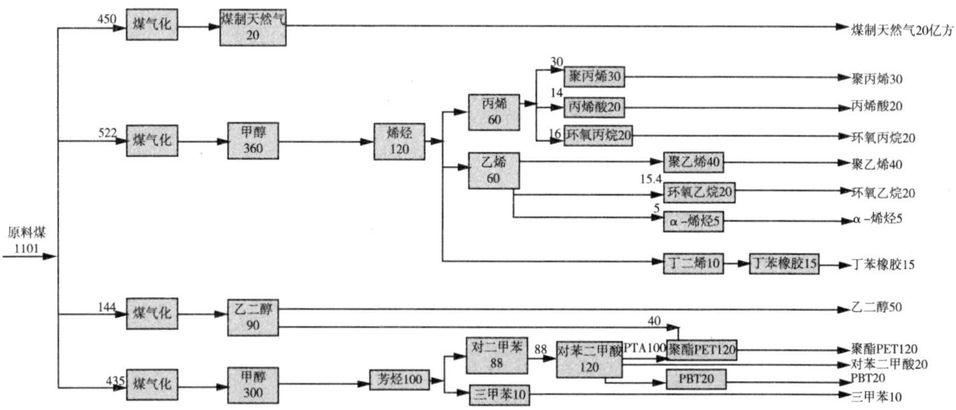

图 5-1 淮南煤化工近期主产业链

四、环境保护和碳排放压力大

煤化工行业发展会对环境产生一定的影响，环境保护问题将成为煤化工产业发展的瓶颈。淮南煤化工产业的发展，要特别注意节能减排，必须重视对三废的综合治理，使各项污染物指标能达标排放，将对生态环境的影响降到最低。而这相应会增加投资成本，造成产品市场竞争力的降低。其次淮南地区地处平原，人口密集，土地资源比较紧张，人均土地面积约 1000 平方米。煤炭开采导致大面积地表沉陷，大规模土地沉陷和能源开发项目占地的增加将进一步加剧土地资源供应的紧张局面。鉴于淮南能源基地拟大规模发展煤电项目，大气环境保护的压力将进一步加大。随着新建燃煤电厂的投产，和大批重化工项目的建设，大气污染物排放源进一步增加，节能减排任务十分艰巨。

五、招商引资难度较大

当前国内一些较为发达的城市通过不断吸收外资，解决了发展资金匮乏和技术难题，在利用外资的同时给本地的产业发展带来了新的机遇。淮南市新型煤化工产业由于起步较晚、宣传力度相对不足等原因，外资利用水平与华东长三角、华南珠三角等地区相比有很大的差距。随着我国市场经济体制的不断完善，局部地区减税让利等政策性措施将逐渐弱化，国际国内市场竞争加剧，招商引资难度加大。

第四节　淮南煤化工产业集聚能力发展及对策

一、立足市场需求，做好重大项目保障

紧紧围绕规划中拟建设的项目，立足市场需求，一是生产市场需求量大的产品，做好需求预测，避免出现较多的产能过剩，二是要成为开拓和培育市场的主体，积极开发新兴品种，带动和刺激市场需求。另外，对拟建的煤化工项目进行系统全面的竞争力分析，要充分调动各种要素，加快煤制天然气、煤制烯烃等龙头项目建设，夯实基地近期产业发展和总体布局的基础。

在产业发展起步阶段重点抓好产龙头项目的建设，龙头项目将影

响产业的布局和发展，必须予以高度重视。应抓紧实施已开工或具备建设条件的项目，同时，抓紧进行其他大型项目的前期工作，对于龙头项目要专门研究，尽快申报立项，在项目获批建设过程中做好各项保障工作。

二、加强创新平台建设，注重关键技术研究

加强技术创新平台建设，尤其是要注重基地的关键技术研究，如适用于淮南煤炭的煤气化技术。建议政府在基础研究工作上加大投入力度。要加强清洁生产工艺研究，做好源头控制，尽可能不生产或者少产生污染物；加强资源化利用技术研究和利用，做好污染物集中处理；加强加氢液化技术研究和运用，做好在溶剂油、润滑油等领域产品开发和技术运用；要进一步做好自供电在煤炭深加工、煤化工等领域使用，做好资源综合利用，尽可能做到低成本和高效益，推动整个煤化工产业发展。

三、坚持自主开发与引进技术相结合，延伸产业链

坚持自主开发与引进技术相结合，促进淮化股份、德邦化工、国投新集等当地企业加强与央企及上海、南京等地大中型化工企业、能源投资企业的合作，培育和打造煤化工产业链，着重推进多联产化学品生产基地建设。

打造煤经甲醇制烯烃（芳烃）及其衍生物产业链。以MTO技术生产的乙烯和丙烯为原料，不断延伸产业链，重点发展线性低密度聚乙烯（LLDPE）、高密度聚乙烯（HDPE）、环氧乙烷（EO）、EVA等乙烯深加工产品，以及聚丙烯（PP）、苯酚、丙酮、双酚A、环氧丙烷（PO）、丙烯酸酯等丙烯深加工产品。此外，择机发展煤经甲醇制芳烃深加工产品。

打造煤制乙二醇及其衍生物产业链。以煤制乙二醇为主要原料，生产乙二醇下游聚酯等产品（如PET），并择机发展不饱和聚酯树脂、乙二醛、聚乙二醇、润滑剂、防冻剂和非离子表面活性剂等衍生产品。

打造氮基化学品产业链。以煤制合成氨为原料，重点发展高附加值硝

酸衍生物和硝基精细化工产品。打造煤制清洁燃料产业链。主要发展煤制天然气项目，并密切跟踪国家煤化工行业政策及市场状况，酌情发展煤制油、煤制二甲醚项目。

打造资源综合利用产业链。遵循绿色发展和循环经济的理念，推进废水、废气、废渣的资源化综合利用。

四、树立节能环保理念，推进安全绿色生产

在煤化工产业基地规划、设计、建设、生产、管理等各个过程中，要采用先进的管理技术，加大安全和环保设施投入，消除和防范重大事故风险。此外，还要按照循环经济的要求进行建设，大力推广节能、节水技术，最大限度地提高资源和能源利用效率。提倡企业的社会责任，投入专项资金进行环境绿化和生态保护，逐步将淮南新型煤化工基地建设成为节约型、环保型、生态型的示范基地。

五、加快基地平台建设，承接产业转移

长三角地区化工产业发达，经济结构调整加速推进，是淮南煤化工项目和投资的重要来源地。安徽淮南新型煤化工基地要依托基地发展平台的集聚功能，借助合肥都市圈创新要素集聚效应及承接产业转移示范区的承接效应，抢抓机遇，高水平承接东部化工产业转移，在承接中提升产业层次，实现又好又快发展。要持续不断完善新型煤化工基地的软硬发展环境，加大改革开放力度，吸引国内外重要战略投资者参与新型煤化工发展，以国际化视野参与全球竞争，走国际化发展道路。谋划建设合淮工业走廊，作为吸引国内外高端产业转移的载体和平台。

打造煤化工产业基地，要积极利用好沿淮港口优势，提升成本竞争力，同时积极利用安徽省关于淮南和蚌埠城市群组群发展机遇，积极打造化工产业新材料等基地，形成影响。积极加强与长三角地区化工行业间的互访交流，采取连动式承接、集群式承接、提升式承接等灵活多样的合作方式承接产业转移，将长三角地区产业优势和淮南资源优势有机结合，实现互补、错位发展。积极参与泛长三角化工产业

分工，打造淮南化工新优势，开创淮南化工发展新格局。

六、完善投融资体系，降低产业发展风险

充分发挥政府投资在淮南煤化工产业建设中的重要引导作用。淮南市要认真研究，按照功能完备、特色鲜明、集聚集约、产城一体的要求，强化市场运作，创新投融资方式，积极筹划构建新型煤化工基地建设融资平台，鼓励多元资本参与基地建设。

对淮南煤化工产业发展等方面的重大基础设施和重大化工产业项目，建议市政府在产业布局、项目规划、审批核准及投资安排、资金补助、贷款贴息等方面给予优惠支持。对符合条件的企业，切实落实好新税法规定的各项税收优惠政策。

银行业等金融机构要加大对符合国家产业政策和节能环保要求的化工产业转移项目的信贷投放力度，积极为基地建设和发展提供有效信贷支持。支持符合创业板上市条件的自主创新及成长型化工创业企业进入创业板融资，鼓励基地内符合条件的企业发行企业债券、短期融资券和中长期票据。支持基地按有关管理办法规定，设立股权投资基金，发展创业投资，建立担保风险基金。探索开放短期出口信用保险市场，扩大出口信用保险覆盖率。积极探索开展跨境贸易人民币结算试点。

第六章　提高阜阳生物医药产业制造能力

现代医药产业是国家战略性新兴产业之一。国家“十三五”规划纲要提出要“推进健康中国建设”“支持战略新兴产业发展”，现代医药产业发展迎来了重要的历史性机遇。近年来，阜阳市充分迎合我国战略性新兴产业发展趋势，综合利用自身优势，大力发展生物医药产业，其已成为全市的首位产业。

第一节　阜阳生物医药产业发展基本情况

一、现代产业体系初步形成

依托20世纪80年代兴起的“买全国、卖全国”的医药商业平台，阜阳市抢抓机遇，以商兴工，吸引了一大批以华润集团、北京悦康药业、济南德信佳生物科技等为代表的医药生产、研发企业入驻。全市现有医药制造、商贸规模以上企业96家，生产产品种类逐步丰富，医药商贸活跃，初步形成了具有阜阳特色，保持强劲增长势头，集医药研发、生产、销售“三位一体”的现代医药健康产业体系。

二、产业集群初显

目前，阜阳市基本形成了太和现代医药、医药物流、界首营养保健等产业集群。2015年，太和经济开发区现代医药产业集聚发展基地被确定为全省首批14个战略性新兴产业集聚发展基地之一。当前，贝克联合药业、上海华源安徽仁济制药、哈药集团安徽三精日化、北京悦康集团安徽天然制药、安徽德信佳生物制药、一帆药业等20多家骨干企业已入住产业生物医药产业基地，产业集群初具规模。

三、发展潜力巨大

投资8.1亿元的凯悦制药、投资4.2亿元的贝克药业二期、投资11亿元的德信佳生物医药、投资亿元以上的联谊制药、北京中新药业、瑞邦药业等，建成投产后可形成200亿元的生产能力。

四、产业链不断延伸

阜阳市生物医药产业经过多年耕耘，已从原先单一的医药营销和医药简单初级加工发展延伸为涵盖医药物流、医药设备研发制造、医药信息服务等多环节均具备的较为完善的产业链。

五、科技含量不断增强

拥有高新技术企业8家，省认定企业技术中心4家，在培育高新技术制药企业9家。其中贝克药业拥有国际领先的手性化合物合成技术，宝和生物在中药提取萃取方面有重大突破和专利技术，悦康生物制取7-ACA装置为目前世界单体第一。悦康药业集团医药产品销售到包括俄罗斯在内的17个国家和地区，并在尼日利亚建设生产基地。贝克药业、一帆香料、银丰药业拥有自营进出口权，进出口贸易额逐年增加，企业外向度不断提升。

第二节　阜阳生物医药产业整体制造能力

一、产业规模分析

经过多年的发展，阜阳市生物医药产业已经初具规模。2015年，阜阳市医药制造业规模以上企业完成工业总产值80.67亿元，是2010年的4.7倍（图6-1）。中成药产量7159吨，五年年均增长153.2%。产品品类逐渐丰富，贝克联合制药的抗乙肝原药、抗艾滋病药物获批量生产，开创了国产化抗乙肝、抗艾滋病药物的先河；安徽万生、悦康天然、安徽弘腾等现代中药龙头企业，以地道中药材为原料，主要生产中药提取物及制剂、中药饮片、中药颗粒剂、片剂等；配套药辅材料的生产规模不断扩大，进一步优化了全市医药产业结构。

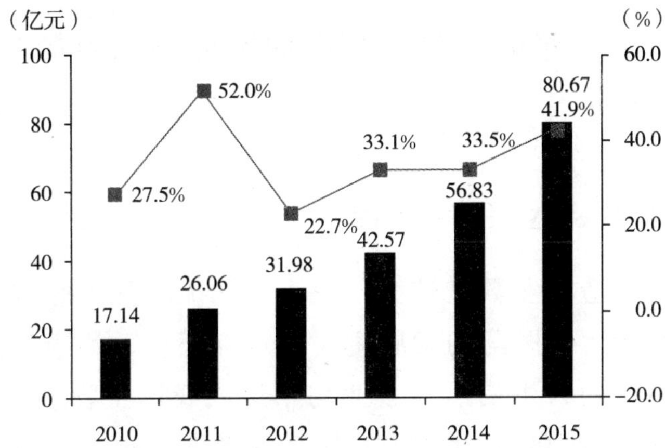

图 6－1　“十二五”期间阜阳市全市规模以上医药制造企业工业总产值及同比上年增幅

二、创新能力分析

生物医药产业是知识与技术密集型产业，需要有坚实的技术基础做支撑。阜阳市加强产业创新能力建设，产业科技创新能力进一步增强，发展活力进一步凸显。截至目前，阜阳市生物医药产业申请专利 230 项、授权 109 项，其中发明专利 96 项，拥有高新技术产品 54 个。贝克制药“抗艾滋病药物拉米夫定原料及其系列组合制剂开发”项目获得 2015 年安徽省科学技术进步一等奖。

三、人才队伍分析

“十二五”期间，阜阳市医药企业通过多种方式，吸引了一大批优秀医药人才，其中国家“千人计划”专家 7 人、省级千人（百人）计划 7 人、科技部创新创业人才 1 人、安徽省“115”产业创新团队 1 个、安徽省战略性新兴产业技术领军人才 3 人，具有博士学位的高层次留学归国人员 17 人，高层次创新团队 20 个。现有医药高新技术企业10家，培育高新技术企业19家，省级研发转化机构17家，国家级企业技术中心1个、省级抗病毒药物工程实验室1个、省级工程技术研究中心7家、博士后工作站1个、产业创新联盟1个。

第三节　阜阳生物医药产业发展制约因素分析

一、缺乏龙头企业和拳头产品

全市医药制造企业数量较少，缺乏带动能力强、影响力大的龙头企业。目前阜阳生物医药的发展主要以贝克药业、悦康集团等龙头企业为主体，但这两大生物医药企业均未进入我国生物制药企业前100强，产值均未突破100亿元大关，医药制造业产值在现代医药产业销售总额中所占比重不足20%，且高附加值产品占比低，多为原料药及医药中间体，成品药、制剂类产品规模较小，与之配套的医药辅料产品产量及质量尚不能满足产业发展需求。

二、新药研发相对滞后

整个阜阳市生物医药企业R&D投入不足，原始创新能力差，创新意识不强，医药技术创新和科技成果迅速产业化的机制尚未形成，缺乏自主知识产权和自主品牌。在技术基础和研发能力上，阜阳市落后于合肥和芜湖等城市。其次，开发一个新药通常需要10年以上，由于企业融资能力相对较弱，导致医药企业发展面临更大瓶颈。

三、产业布局不合理，公共服务平台薄弱

全市医药产业布局“小、散、乱”，集聚度低，配套不完善。医药研发、生产、销售的公共服务平台缺乏，药品报批服务、知识产权保护、创业融资支撑、政策顾问咨询、资讯资源共享等公共服务功能不健全。

四、人才队伍集聚缓慢，制约产业发展

受地区环境、资金等因素影响，尽管各级各有关部门和企业陆续出台了一系列人才优惠政策和激励措施，但人才集聚速度仍较缓慢，且人才流动性很大。同时，本地院校培养医药专业人才能力不足。

五、仿制药一致性评价带来严峻考验

“十三五”伊始，国家食品药品监督管理总局启动了仿制药质量和疗效一致性评价工作，要求对已经批准上市的仿制药品，在质量和疗效上与原研药能够保持一致，在临床上与原研药可以相互替代，有利于节约社会医药费用，这对阜阳市的医药企业来说是一个巨大的挑战。

六、环保、安全加速行业洗牌

国家陆续出台的新《环保法》《制药工业水污染物排放标准》等，使得阜阳市原料药生产企业的环保压力陡增。“十三五”期间，阜阳市那些以牺牲环境为代价的重污染生产工艺以及相应的中小医药企业将被加速淘汰。同时，随着国家对危化品的安全监管日益严格，对于阜阳市存在安全隐患的企业以及安全管理水平不到位的产业园区，未来势必面临新一轮的行业洗牌。

第四节　阜阳生物医药产业集聚能力发展及对策

一、大力培育龙头企业

精准培育本地企业。加大政策引导，加强协调调度，坚持一企一策，推动医药企业发展壮大，培育一批龙头企业集团。鼓励龙头企业通过兼并重组、收购、强强联合等方式，进一步做大做强。支持中小企业走“专精特新”线路，加快发展为“行业小巨人”。对初创期医药企业，加强政策指导，提供融资担保，加大支持力度，促其不断成长。

鼓励兼并收购重组。对兼并收购重组企业的改造项目予以重点支持，对龙头企业新建、改扩建项目优先予以备案或核准。完善企业集团内转移药品文号政策，消除跨区转移文号障碍，为企业兼并收购、整合资源提供便利和创造条件。

推动企业上市。完善扶持企业上市政策，加强上市企业培训，强化分类指导，推进企业多渠道、多形式上市，加快打造“阜阳医药板块”。

支持关键技术产业化。加快推进区域自主创新能力建设，支持示范应用项目建设，积极推广应用首台套重大技术装备及新产品、新工艺。

二、加快建设创新研发平台

强化创新载体的基础性支撑作用，加快形成以产业技术研究院为龙头、企业研发机构为主体、高校技术转移中心为辅助、科技公共服务平台为支撑的创新综合载体，促进现代医药产业自主创新由外在“输血”到自我“造血”的转变。

完善以企业为主体、产学研一体的创新体制机制，加大创新人才和团队引进力度，加强各类创新平台建设。支持龙头企业创新能力建设，增强技术创新可持续性。实施投产一批、储备一批、研发一批的创新发展战略，推动重点领域和主导产品达到国内领先水平或接近国际先进水平。

加大对企业技术创新的扶持力度，支持自主创新药物研发。实施“重大新药创制”科技重大专项等科研项目，支持医药技术创新、产品创新。依托优势企业，统筹技术开发、标准制定、市场应用等环节，推动要素整合和技术集成，努力实现重大突破。

三、着力改善产业发展环境

推进载体建设。按照资源共享、龙头带动、企业协作的要求，发挥龙头企业的核心、集聚和辐射作用，加快医药产业园区建设。积极推进与上海张江药谷、北京中关村生命科学园合作共建，加强与知名医药企业交流合作，加快成果转移。提高产业基地基础设施配套水平，建设稳定、可靠、费用合理的自来水、电力、天然气供给系统和污水、固废处理体系，设立满足原料药及医药中间体生产的化工集中区。设立“一站式”行政服务机构，简化办事流程，提高运作效率。

发挥医药物流带动功能。强化医药流通体系对产业发展的促进作用，加快推进药品流通领域电子商务应用，充分利用互联网技术，改善和丰富传统的商业模式，建立标准化、信息化、自动化、社会化的现代高效医药物流体系，支持第三方医药物流发展。充分发挥下游物流链优势，积极带动上游研发链和中游生产链发展，进一步提升产业集聚规模。

增强医药会展交易功能。以“华药会”为基础，推进我市医药会展经济发展，持续打造著名药品会展与交易品牌，并以此为平台，促进全国著名医药大企业、大集团落户我市，加快产业集群发展。

发挥行业协会作用。注重发挥行业协会在企业和政府之间的桥梁作用，反映企业诉求，引导规范企业行为，维护公平有序的竞争环境。支持行业协会加强自身建设，承担起行业统计、行业调查研究、行业培训、对外交流与合作等任务。

优化企业发展后勤保障。加强各产业基地对企业的综合服务，设立企业服务中心，统一受理企业和企业家在发展过程中碰到的后勤保障、生活服务等具体问题。

四、加强人才队伍建设

多渠道、多方式引进高端人才。实行差异化引进人才机制，统筹运用股权激励、编制外管理、产学研合作等方式，积极引进省内外医药高端人才。鼓励科技人员、留学人员和科研单位携带科技成果来阜创业，在土地、资金、平台使用等方面给予支持。

壮大本土企业家队伍。实施阜阳籍企业家跟踪引进计划，注重服务质量和情感需求，增强关爱家乡、建设家乡的责任感和使命感，支持企业家返乡创业、投资发展。

加强职业培训和学历教育。重点依托本地大专院校开展医药职业技术人才培训，强化人才造血功能。编制职业培训计划，鼓励医药企业与教育机构合作，有计划地对现有产业工人开展职业技能培训，提升产业工人队伍层次。

改善人居环境。大力推进产城融合发展，着力完善城市功能，进一步优化居住环境，全面提升产业集聚区总体形象，为吸引人才营造良好和谐的人居氛围。

第七章　提高亳州中医药产业制造能力

亳州市地处安徽省西北部，居“四大药都”之首，享有“中华药都”的美誉，是全球最大的中药材集散中心和价格形成中心。亳州市中药材种植共有400多个品种，种植面积达112万亩，中药材种植面积约占全国的10%和安徽省的60%。全国医药100强企业和10强企业分别有43家和5家落户亳州。亳州先后被列为科技部“火炬计划中药特色产业基地”与“中药现代化科技产业（安徽）基地”、商务部“国家外贸转型升级专业型示范基地”、中国医药保健品进出口商会“中国中药饮片出口基地”“亳州市中药材进出口检测中心”、安徽省“国家中药现代化科技产业（安徽·亳州）基地”“安徽省中药材质量检测中心”。

第一节　亳州中医药产业基本情况

一、中药材种植稳定发展

全市中药材种植面积约112万亩，同比略有增长，产值约30亿元。常年种植的中药材达30多种，主要品种为白芍、牡丹、白术、桔梗、白芷、菊花等。全市有中药材种植万亩以上的乡镇20个，专业村（庄）800多个、种植大户96个、专业合作社（联社）310家，药业农业产业化市级以上龙头企业74家，种子种苗公司36个，经营的品种达130多种。规范化种植进一步发展，建立了安徽亳州现代农业综合开发中药材示范区，建立了一批中药材良好农业规范生产基地。

二、规模企业培育成效显著

在当前经济下行压力大的情况下，亳州市委市政府出台了一系列结构调整、转型升级的扶持政策，加快基地骨干企业培育进程。截至目前，基地拥有累计产值超亿元以上企业83家，同比增长20.3%。10亿元以上企业4家，5～10亿元企业7家，2～5亿元企业23家。形成了济人药业、源和堂药业、广印堂药业等26家覆盖中药产业链关键环节、技术装备水平位居同行前列、综合实力较强的龙头骨干企业。其中：源和堂药业全年预计销售突破14亿元以上；同比增长77%以上；广印堂药业预计销售11亿元以上，同比增长10%以上；济人药业预计销售10亿元以上，同比增长12%以上。

三、产业集中度进一步提高

2016年，年初纳入省统计监测现代中药产业集聚发展基地规模以上药业工业企业118家，全年新增规模以上药业工业企业60家，共计178家药企，同比增长50.6%，其中通过GMP认证的生产企业150家。医药制造业实现增加值72.5亿元以上，占比26.6%左右，行业贡献率28%左右，居各行业首位。生产规模进一步扩大，产业集中度大幅提高。

第二节　亳州中医药产业制造能力

一、产业规模分析

亳州谯城现代中药发展集聚基地是我省首批14个“战略性新兴产业集聚发展基地”之一。2016年，亳州谯城现代中药发展集聚基地纳入省统计的136家企业累计实现产值279.59亿元，占年度目标任务的104.72%，同比增长22.63%；基地企业实现税收7.88亿元，占年度目标任务的112.57%；完成固定投资87.05亿元，占基地年度投资目标任务的101.22%。

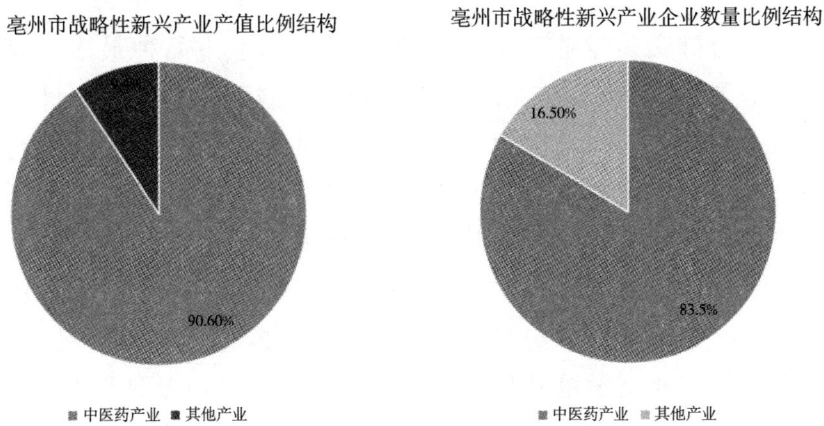

图7-1　亳州战略性新兴产业结构

二、创新能力分析

近年来，亳州市中医药产业创新能力明显提升，创新成果显著。亳州市重点药企通过深化产学研用合作，企业自主创新能力明显提升。现有中药类院士工作站2个，芍花堂药业已与北京理工大学签订建立院士工作站协议；博士后工作站4家，国家级工程研究中心2个，省级企业技术中心7个，省级工程技术研究中心10个（其中2016年备案1家），高新技术企业24家（其中2016年认定14家），CNAS认证中药检测中心1家。国家级中药材检测中心主体工程完工。制定出台促进药品技术转让、研发和培育的扶持政策，设立药品技术转让和研发专项资金10亿元。

目前亳州有568个药品批文待转，省局已认定并受理139个品种。拥有国家（省）级重点新产品9个，牵头或参与制定国家或者行业标准5项。2016年，中药饮片商品规格等级分类标准研究项目已通过专家委员会评审通过。安徽九方制药有限公司注射用牡荆素成功获取中药一类新药临床批件，填补了我省制药史上的空白。2016年，全市药业企业申请专利1476件，其中申请发明专利590件，共授权专利涉药569件，其中授权发明专利涉药78件。

三、市场竞争力分析

亳州中药材交易专业市场目前规模最大、上市品种最多、交易最为活跃，是国内第一药市。2010 年康美药业接管我市中药材专业市场，成立了康美（亳州）世纪国药有限公司，对中药材市场进行了公司化改制，进一步建立健全市场管理体制，并投资新建了目前国内标准最高的中药材专业市场——中国·亳州康美华佗国际中药城。芍花路亳州中药材专业市场交易大厅顺利完成整体搬迁，中药流通市场改造升级取得巨大成效。中药对外贸易不断扩大，亳州市是“国家外贸转型升级医药专业型示范基地”“中国中药饮片出口基地”“全国中药饮片出口城际第一名”，2016 年中药材专业市场内交易额约 243 亿元，药业行业实现进出口额 2.14 亿美元，同比增长 18.8%，占全市进出口总额的 41.2%，拉动全市外贸进出口增长 6.8 个百分点。

第三节　亳州中医药产业发展制约因素分析

一、种植面积分散，标准化和组织化程度低

亳州地区目前中药材种植并没有达到规模化的水平，虽然全市目前中药材的种植面积已经达到 100 多万亩，但多为各个农业种植户分散种植。在生产组织上，目前也只有五马镇、十八里镇和谯东镇 3 个地道药材产销协会组织，它们在中药材的种植及销售中发挥着一定的积极带动和组织协同作用，但这些还是远远不够，合作社的数量太少，涵盖范围较少，技术服务也不到位，标准化和组织化程度还达不到理想的水平。

二、产业转型升级和结构调整难度较大

主要表现为涉药企业准入门槛高，品种转移受政策限制落地难，承接品种转移的企业硬件设施条件达到的较少，中成药、保健食品生

产的基础比较薄弱。产业经济各个环节科技创新人才缺乏，科研投入不足，科技研发力量薄弱，科技成果转化率不高，企业知识产权数量较少，核心竞争力和综合实力不强。

三、高端产品缺少，品牌意识不强

虽然亳州市医药企业数量较多，但大多数是中小型企业，这些中药生产企业的科技水平较低，所生产的产品多是对中药材进行初级加工，附加值低，在激烈的市场竞争中难以脱颖而出，同时由于产品质量不稳定、炮制规范不统一，阻碍了整个行业的发展。

其次是缺乏品牌意识，除亳芍、亳菊、亳花粉、亳桑皮四大地道药材具有很好的地理标志保护外，很多本地药材都没有得到相应的商标保护。此外，亳州的中成药也很少形成知名品牌，除六味地黄丸和复方丹生片等品牌药有着较好的销售外，其余中成药都没有很好的品牌做支撑。

四、专业技术人员缺乏，物流运输能力落后

专业技术人才缺乏。由于亳州是三四线城市且经济欠发达，在教育医疗、基础设施建设等方面与国内一二线城市存在较大的差距，在吸引人才方面处于劣势，同时，亳州市现有的专业技术人才还大量流失到其他大型城市，这些都导致亳州专业技术人才的缺乏。

中医药物流发展落后。医药行业的物流俗称“医药物流”，对于中医药行业来说，其毛利润一直呈现整体下降趋势，而物流费用却连续几年居高不下。亳州地区中医药物流主要采取的是公路运输的方式，由于亳州处于内陆地区，缺乏大型的专业物流公司，同时周边缺乏大城市的发展带动，且不处于交通枢纽地区，因此对市场信息的敏感度、信息创达速度和物流水平与大城市及交通枢纽城市相比存在较大差距。

五、发展资金不足，招商引资面临激烈的竞争

一是亳州市与很多先进地区相比，财政收入明显偏低。目前，很多国内其他城市纷纷投入大量资金推进中药工业园区建设，亳州市在

此方面变得落后，还需大力吸引社会资本投入建设之中。

二是在招商引资方面，目前国内某些中医药发展较好的如通化、浏阳等地区，经过多年的发展，在招商引资上取得了一定的效果，医药企业数量显著增加且建立了非常好的产业发展平台，同时当地政府出台了一系列支持和优惠政策，给亳州市中医药产业招商引资带来一定的压力。

第四节　提升亳州中医药产业制造能力集聚发展及对策

一、促进规模化种植，提高种植标准化和组织化程度

首先，结合目前农业结构调整的潮流，大力发展中药材种植基地，扩大中药材种植基地的数量和规模，建设中药材种植示范区，构建中药材规范化种植体系。其次，迎合国家倡导的“家庭农场”建设和农村土地流转政策，鼓励亳州地区农民承包土地种植，促进中药材种植的规模化。最后，要大力推进农村合作社的建设，增加合作社的数量规模，可以通过推进中药材种植集中地方的种植大户和药企合作的办法，派药企的专门人员参与到合作社的建设当中，合作社根据企业的标准来进行中药材的种植，有助于提高合作社的建设水平，同时，对中药材种植的标准化和组织化的提高是一个很好的途径。

二、培育中医药大企业，争创全国著名品牌

培育龙头企业。抓好存量企业规模壮大和竞争力提高，指导帮助企业谋划发展战略，结合政策导向，谋划重大项目，鼓励和支持企业新建、改扩建产业化项目建设，主动帮助企业申报国家级、省级创新平台建设，支持企业提高创新能力，开发引进新产品，提高市场竞争力。

培育一批中药产业的大品种、大品牌，提高产品附加值。创制一批疗效明显、质量可控、剂型稳定、服用方便的现代中药，努力打造

"亳药"（葛酮通络胶囊、疏风解毒胶囊、救心丸、阿胶养血颗粒、"亳菊"）国家级著名拳头产品。

三、加大技术创新力度，完善标准体系建设

突破中药制药关键共性技术，提高产品技术含量。加强前沿技术研究和装备开发，推广应用中药多成分含量测定和指纹图谱整体成分控制相结合的中药质量控制技术。完善促进中医药科技成果产业化的政策措施，构建成果转化的分级转化评价体系。培养中医药成果产出、登记、评价、转化、保护的专业人才队伍，构建规范的中医药科技成果交易平台。

完善中药质量检测体系，建成国家级中药材产品质量监督检验中心，建立中药溯源体系，使整个中药生产经营活动始终处于有效监控中。制定全程质量控制标准和优质产品等级标准，建成中药质量标准库和中药质量第三方检测平台，形成中药标准化技术服务支撑体系。加快开展国际注册和生产质量体系国际认证，力争在其他国家和地区的 GMP 认证早日实现突破。

四、构建现代流通体系，打通线上线下通道

塑造"中华药都，养生亳州"的市场品牌，提高中药材交易中心在行业内的首位度，成为国际、国内两个市场的价格风向标。加快市场上档升级，创新交易方式，实现市场现代化、管理规范化、经营品牌化、物流国际化。

搭建集电子商务、物流配送、包装整理、质检商检、期货交易等功能于一体的现代中药商务交易平台。发展"线上下单、线下实物交割"的中药材大众交易平台、医药电子商务平台，推动现代中药产业与"互联网＋"加速融合。

五、加大产业资金支持力度，筹划招商引资活动

设立多个市级产业基金和基地建设专项引导资金，重点扶持中成药、生物制药、配方颗粒、药用辅料、精制中药饮片、新的生产工艺

技术改造等企业，为企业发展提供了资金支持。

精心筹划好各类招商引资活动，借助“中华老字号”会议、“全国中药材物流大会”、国际（亳州）中医药博览会等活动，积极与药企深度对接，梳理招商线索。加大对投资规模在亿元以上项目的引进力度，重点瞄准国内中医药100强企业及“国”字号企业开展精准上门招商。

第八章　提高宿州云计算产业服务能力

近年来，宿州市深入实施城镇化和工业化的“双轮驱动”战略，充分利用和把握当前“互联网＋”这一大的发展趋势，谋划布局云计算产业，以科技创新带动经济的转型升级发展，并得到了省委省政府的大力支持。“十二五”时期，宿州市以大数据储存基地建设为基础，以构建云计算全产业链为目标，加快基础云、服务云、应用云三大云产业平台建设，在加速转型发展过程中走出了特色，走出了成效。

第一节　宿州云计算产业基本情况

一、产业发展迅速

宿州市云计算产业的发展可追溯到2011年，市政府以非凡的气魄“无中生有”地提出“翔云计划”，试图通过大力发展云计算这一战略性新兴产业从而实现宿州市自身的跨越式发展以及在皖北的发展中脱颖而出的目标。经过5年多的探索，宿州终于摸索出了适合自身云计算产业发展的“宿州模式”，即“率先发展基础云、注重建设服务云、全面开发应用云”，最终打造云计算全产业链。

宿州市在发展云计算产业方面具有众多优势，市委市政府也在不同场合大力宣传云计算企业应当落户宿州的“*N*个理由”，一时间宿州市高新区企业“云”集。很快，随着中国第一代互联网高科技企业世纪互联、全球最大的通信设备商华为公司、“四大电信运营商”之一中国电信先后强势入驻，落地在建10万平方米数据中心，已有4万平方米建成投运。之后，浪潮、斐讯等“基础云”大型企业纷纷布局，阿里云、金山云等“平台云”企业相继落户，以亿赞普、新亚电子、塑想科技为代表的两百余家“应用云”企业蓬勃发展，中国网库“电商谷”、亿赞普跨境电商平台、贝斯康基因检测平台、恩源电商“双创”基地、什伯互联“智能+”平台等41个市级重大特色项目先后建设投运。2015年，高新区云计算企业实现产值近30亿元，2016年突破100亿元产值大关，产业发展非常迅速。

二、产业集群初步形成

云计算产业基地位于宿州市高新区，自2013年建区以来，高新区大力发展云计算、智能制造、新材料新能源主导产业，培育半导体、石墨烯、量子通信等战略性新兴产业，建设了华东地区最具特色的云计算产业集群。

3年来，高新区主要经济指标基本保持着每年翻倍的增速，2016年完成财政收入2.51亿元、“3111”产值104亿元、固定资产投资35亿元、工业到位内资41亿元、外商投资5174万美元。目前已有四百余家高新企业在这里扎根发展，形成完善的云计算全产业链，打造出动漫渲染、手机游戏、生物医疗、电子商务、终端制造等特色板块，发展势头强劲。

图8-1 宿州云计算产业“五大园中园”

三、产业配套逐步完善

为推进云计算产业发展，宿州市政府不断完善云计算产业相关配套。一是在基础设施配套方面，规划建设了云计算产业园，拟投资 10 亿元，用于打造标准化厂房、职工公寓、超市、学校、医院、体育、娱乐等吃穿住一体化平台，园区免费 WIFI 全覆盖，满足企业和员工需求。二是在产业政策配套方面，宿州市政府每年拿出 2 亿元财政资金用于支持产业发展，并出台了一系列企业入驻优惠政策，企业的用电、用水均能享受优惠政策保障。

表 8－1　宿州云计算产业发展部分优惠政策

√ 给予企业宽带税费 50%的补贴
√ 给予企业员工 100%个人所得税的奖励
√ 给予自用数据中心或企业每度 0.2 元的电力补助
√ 给予首年 100%、2 至 5 年 50%的房租补贴
√ 给予 1 至 2 年 5%、3 至 5 年 2.5%的营业收入补贴
√ 对在校学生实行每天给予 10 元的生活补助
√ 对创业项目除享受扶持资金场地、水、电基本网络使用补助外，还给予 50%左右的贷款贴息支持

第二节　宿州云计算产业服务能力

一、产业规模分析

2016 年 1—7 月份，宿州云计算产业基地建成机房 4 万平方米、新增机柜 1200 个，入驻基础云、平台云、应用云企业 226 家，完成产业产值 54.6 亿元，其中云计算 16.2 亿元。截至 2016 年年底，“五大园中园”共引进项目 216 个，其中投产 143 个，在建 63 个，签约 55 个。在安徽省正式确定的第二批 10 家战略性新兴产业集聚发展基地中，宿州市高新区云计算产业基地榜上有名，成为唯一入选省战新基地的云计算产业基地。

二、要素资源分析

一是地理区位，宿州位于四省交界处，是京沪高铁的中间站点，从宿州乘坐高铁前往合肥、南京只需 1 个小时左右，到上海需 2 小时，到北京需 3 小时，区位交通优势非常突出。为云计算企业前来宿州投资带来极大的便利，同时也为企业高端人才提供了方便。

二是宿州煤电充足、电价占优，而云计算产业对电力的需求要求很高。另外，宿州的自然条件相对优越，工业污染相对较少，没有什么自然灾害，城市生态环境怡人，是非常宜居宜商的地方。

三、创新能力分析

为保证云计算产业可持续发展，宿州市加强科技创新企业孵化器建设，加大高新技术企业政策落实力度，市政府设置了研发创新奖励，鼓励企业开展云计算产业共性、关键或前瞻性技术的研发，促进云计算领域产学研用结合，创新经营模式，促进云计算企业快速成长。组织高等院校为园区企业提供订单式人才培养，帮助企业与省内外高校建立产学研合作关系，宿州市联合北京大学等高等院校成立北大宿州云计算研究院，与云计算国内外知名专家学者建立长效科技人才合作机制，聚集产业发展高端人才，联合企业举办论坛讲座，支持行业领军人才科技成果转化生产项目，为云计算产业发展提供智力支持。在创新成果方面，宿州高新区云计算产业园的云盾科技公司完成了近 50 项专利申报，其自主研发的“斯诺盾”电子政务安全系统将率先在省内试点，成熟后有望向全国推广。

四、市场竞争力分析

宿州市云计算产业首先从基础云做起，全力打造全国最大规模、最高规格的数据中心，占地面积约 10 万平方米，目前已建成 2 万平方米，部分已投入运营。近年来，中国电信宿州分公司积极进行互联网大带宽电路建设工作，累计投资已超过 5000 万，现已具备宿州城域网出口带宽能力。在未来，中国电信宿州分公司还可提供 T 级出口大带宽能力，为云计算运营提供强有力的带宽保障。

此外，宿州市还引入华为云服务、金山云服务、荣耀手机云、小米手机云及科大讯飞云服务落户 IDC 机房。其中华为云服务基地通过

“前店后厂”的云产业发展模式，着力打造全省信息消费中心、华东及京津大数据处理中心、华东电商服务中心和全国高端智能制造中心，是华东地区唯一的二级节点，位列全国12个基地第1名。

第三节　宿州云计算产业发展制约因素分析

一、云服务能力亟待提高，配套资源匮乏

宿州云计算服务能力与国内发达城市及世界一些发达国家相比仍然有较大差距，公共云计算服务业的规模相对较小，宿州市致力于打造大数据储存基地，业务相对单一，同时在云计算服务和带动本地优势产业方面也需要提升。另外，云计算产业配套环境建设落后，互联网出口宽带不足2Tbps，尚未建成满足云计算产业发展的网络环境，在宽带速率的提升、园区基础设施建设等方面还有待加强。

二、部分企业对云计算的认识不足

对于云计算这一新兴产业而言，宿州市部分企业对其缺乏了解，对引进云计算给企业带来多大的效益不能确定，以及对云计算的建设和运维成本均有所疑虑，在企业的发展过程中缺乏这一方面的规划，甚至部分企业会担心引入云计算容易出现数据安全、隐私泄露等问题，这种种因素制约了宿州云计算产业市场的发展。

三、专业人才缺乏，人才引进困难

由于宿州属于欠发达地区，本地高校较少，云计算方面的人才需要大量从外地引进，而很多外地的云计算方面的高级人才不愿意去宿州工作，难以吸引人才是制约宿州市云计算产业发展的关键问题之一。某些中小企业管理者考虑成本问题，不愿意在云技术人才引进和培养方面投入资金，最终造成企业发展面窄，人才流失严重。另外，由于高校培养的人才与社会还存在脱节问题，一个熟练的云技术人才需要

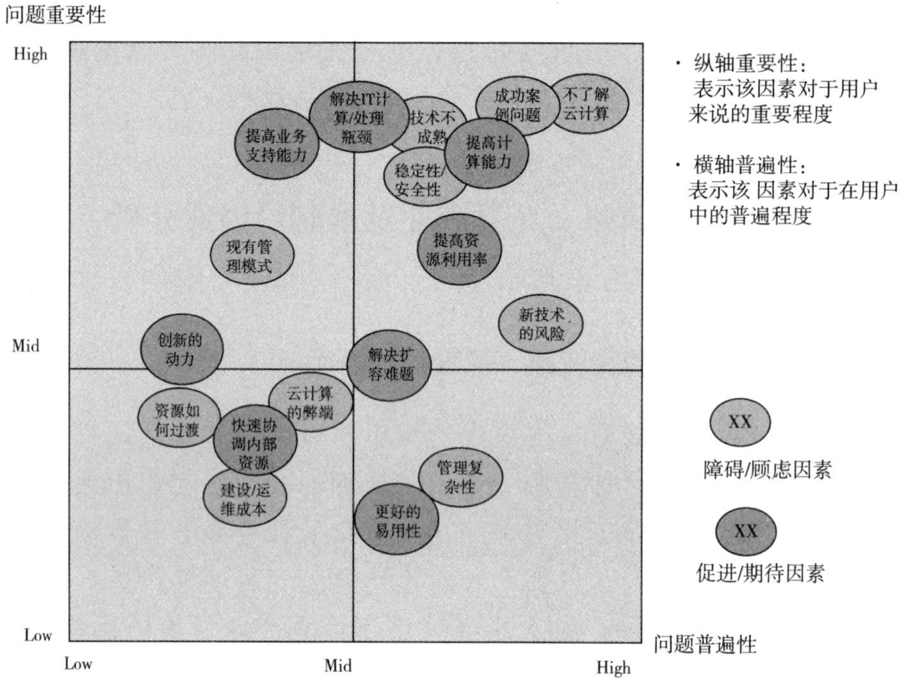

图8－2 企业对云计算的关注重点

经过多年实践锻炼，而目前宿州市缺少相应的平台，也导致云计算技术实践型人才无法培养。

第四节 提升宿州云计算服务能力集聚发展及对策

一、科学制定产业发展规划，持续优化产业的发展环境

顺应“互联网＋”发展趋势，充分发挥宿州市云计算产业目前形成的一定优势，进一步完善产业发展的顶层设计。一是选准产业发展突破口，明确产业发展方向和发展重点，继续强化招商引资工作，突出龙头企业和重大项目的带动作用，延长和完善云计算产业链。二是充分借助和发挥宿州云计算产业研究院等智库的作用，加快研究制定

云计算产业发展的系列政策建议，为政府出台相关产业政策提供智力支持。三是加快云计算产业园内基础设施建设，加大对电力、宽带、人才、创新、项目、资金等支持力度，为企业提供更好的发展环境，免去企业和人才入驻的后顾之忧。

二、加快云服务支撑平台建设，推动传统产业转型升级

面向制造企业在设计、生产、运营等环节的网络协同发展需求，重点支持行业骨干企业研发构建面向工业制造的云服务支撑平台，为企业提供云制造服务，以及创新设计、柔性制造、供应链协同、远程维护等云应用服务，支持企业内部生产制造、物料管理、工艺流程、协同管理等环节的信息互联共享，促进企业内外部创新资源、生产能力、市场需求的集聚与对接，推动产业转型升级。

三、加强人才的引进和培育，积极开展国内外合作交流

打造云计算领域"皖军徽匠"，培养一批"新徽商"企业家。充分利用市人才引进和奖励政策，面向国内外引进一批创新型团队和领军人才。支持企业与高等院校、科研院所共同设立云计算产业研发机构。建立科技人才合作机制，建设院士工作站和博士后工作站，支持行业领军人才承担云计算重大科技项目。支持省内高等院校设置相关专业或开设相关课程，培养专业人才。鼓励高校、职校、社会教育机构、企业联合共建云计算实训基地，完善职业教育，培养专业技能人才。

积极参与国际云计算产业合作与竞争，鼓励企业和风险投资机构收购国外云计算先进公司，建立同国外领袖企业合作发展云计算机制，实现宿州云计算与先进国家和地区同步发展。鼓励市内云计算企业参与国际、国内云计算标准化工作，支持在云安全、服务质量、开放接口、体系架构、评估认证等方面形成具有自主知识产权的技术标准和应用标准，面向全国提供优质的基础设施服务和成熟解决方案，提高宿州云计算技术和服务企业的品牌影响力。

四、建立产业的投融资体系，强化产业发展的资金保障

在市产业发展基金中设立云计算大数据产业发展子基金，支持符合条件的企业发展。积极引导社会资本对云计算产业的投入。鼓励政策性担保机构加大对云计算产业融资担保的支持力度，引导金融机构强化信贷支持，围绕云计算产业发展开发创新金融产品，积极开展定向服务。支持符合条件的云计算企业在资本市场直接融资。

第九章　提高淮北铝基新材料制造业竞争力

淮北地处安徽省淮河北部，是我国重要的能源城市，但近年来随着资源的日益枯竭，淮北立足本地优势，扎实推进可持续发展的转型之路，发展精良产业，打造铝基材料产业基地，铝基材料产业正逐渐成为全市经济发展新的增长点。

第一节　淮北铝基新材料制造业基本情况

一、产业发展迅速

站在“十三五”的新起点上，盘点推进工业转型升级取得的新成就，淮北市铝基产业发展良好。据统计，淮北市全市 2015 年 17 家规模以上铝基新材料企业实现产值 62.7 亿元，同比上年数据增长 28.8%，其铝基产业发展增速高于全市规模以上工业 29.7%。实现增加值 11 亿元，同比增长 33.2 个百分点，增速高于全市规模以上工业 31%；铝基企业对全市规模以上工业增加值增长的贡献率为 24.7%，拉动全市规模以上工业增加值增长 0.5 个百分点。2016 年淮北市铝基产业获得较大发展，全年累计实现增加值 10.9 亿元，同比增长 10.2%，增速高于全市规模以上工业 7 个百分点。

二、产业链条逐步完善

淮北铝基新材料基地在美信铝业、华中天力铝业等骨干高新技术企业的带动下，积极引进和发展上下游产业，着力推动安徽相邦复合材料有限公司等高成长性铝基新材料企业发展壮大，形成了铝挤压、压铸、板带箔、复合铝基材料、再生铝资源完整产业链条，在国内首创涂层、涂油铝箔产品，铝基复合活塞项目列入“国家火炬计划”，“双零五”铝箔产品生产工艺填补了省内空白，科技含量达国内领先水平。随着产业集聚度进一步提升，铝基新材料产业正发展成为淮北转型升级的新引擎。

三、淮北铝基新材料产业存在的问题

一是目前淮北铝基新材料产业的总体规模较小，带动作用不显著；二是原材料供应不能本地化，增加了产业发展的物流成本。三是产业基地配套还不完善，基地园区供电、供水、污水管网等基础建设有待加快；四是企业用工、融资方面面临困难，专业人才短缺，企业融资受阻；五是产业技术水平有待提高，企业核心竞争力有待加强。

第二节 淮北铝基新材料制造业整体竞争力

一、产业规模分析

2016 年，淮北铝产业基地入驻的铝加工企业近 30 家，年设计产能 160 万吨，规划用地 1 万亩，其中包括美信铝业、华中天力铝业、相驰车业等规模以上 13 家企业，年加工铝材能力 70 万吨。涉铝产业全年工业总产值超 100 亿元。利丰电器等 8 个项目加快建设，宝隽汽车部件等 8 个铝基项目竣工试产，基本形成了高精铝板带箔、再生铝合金、集铝合金型材、各类汽车和摩托车配件于一体的产业格局，形成较为完整的铝产业链条。

2015 年，淮北市 17 家规模以上铝基新材料企业实现产值 62.7 亿元，同比增长 28.8%，增速高于全市规模以上工业 29.7 个百分点；实现增加值 11 亿元，同比增长 33.2%，增速高于全市规模以上工业 31 个百分点。铝基企业对全市规模以上工业增加值增长的贡献率为 24.7%，拉动全市规模以上工业增加值增长 0.5%，初步形成了规模

效应。

二、创新能力分析

在发展铝基新材料产业中，淮北铝基新材料基地积极落实创新驱动发展战略，坚持把创新作为铝产业发展的“活力源”和“加速器”，不断激发企业内生动力，提升企业核心竞争力。实施知识产权战略推进自主创新若干政策，支持企业自主创新。沪源铝业、银丰铝业、富士特铝业均建立了省级企业技术中心；富士特铝业建立了工程技术研究中心，银丰铝业建立了市级铝基材料工程技术研究中心；沪源铝业涂层涂油铝箔产品为国内首创，企业成为该产品国家标准的主要起草者；弘邦天力生产的“双零五”铝箔产品，生产工艺和科技含量填补了省内空白，达到国内领先水平。基地现有铝专业技术人才 200 多名，其中 1 人享受国务院特殊津贴；拥有 7 个省级新产品、3 个省高新技术产品、2 个省名牌产品，30 多个产品通过国家质量标准协会及其他权威机构认证。

三、市场竞争力分析

铝基新材料产业盈利空间十分可观。一般铝加工企业主要按照“铝价＋加工费”的模式确定双方的交易价格，因此无论上游电解铝价格是否上涨，铝加工企业都能够获得稳定的加工费利润。而对于高端的铝型材产品和铝箔产品，因为供不应求，企业的自主定价权更高，利润空间更大，因此淮北市大力发展铝基新材料产业将具有广阔的市场前景。“十三五”时期，淮北市将围绕“铝材原料—变形铝合金—高精板带箔”“铝材原料变形铝合金—挤压铝基新材料（管、线、型材）”“铝材原料—变形铝合金锻压铝合金新材料（汽车轻量化零部件）及粉末”“铝材原料—压铸铝合金—铝合金铸件（铝镁汽车轮毂、发动机等）”4 个产业链，依托龙头企业，加快建设铝基新材料产业园和铝基复合材料产业园，积极引进产业链上下游配套企业，集中力量发展铝基新材料和高端装备制造铝合金新材料，培育铝基新材料产业集群，打造全国具有重要影响力的铝基新材料产业基地。

第三节 淮北铝基新材料制造业集聚能力发展及对策

一、延伸产业链条，提高铝产业集聚度

围绕“铝精深加工—铝基新材料—高强度、韧性铝合金材料—铝塑复合材料”的产业链，加快推进铝产业提升工程和重大项目建设，拉伸延长铝产业链，提高铝产业集聚度和发展水平，确保到 2020 年，濉溪铝基高端材料产业产值不低于 256 亿元，税收不低于 6.3 亿元，同时培育百亿元产值企业 2 家、超 50 亿元企业 2 家、超 10 亿元企业 10 家、国家级高新技术中心 6 家、省级科技创新型中心 18 家以上，努力打造“铝产业千亿产业板块”，使濉溪成为在全国有重要影响力的铝工业基地。

二、推进物流储备建设，产业集聚发展

根据省战略性新兴产业集聚发展基地建设专项引导资金管理暂行办法等文件精神，积极推进铝基原材料物流储备供应中心建设。通过进一步强化与兰州铁路局下属企业兰州金轮实业公司、兰州国际港多式联运公司合作，在濉溪加快建设 150 万至 200 万吨电解铝仓储物流配送中心，打通铝合金原材料铁路物流通道，通过铁路货运专线连接仓储站，节约物流成本。

三、明确目标提高质量，完善协调机制

围绕铝板带箔、光伏铝材、轨道铝材等核心产品开展招商引资和项目建设，延伸产业链条，壮大产业实力。力争到 2020 年，基地完成投资 40 亿元，铝材加工企业 40 家以上，年加工能力达 120 万吨，实现产值 260 亿元，完成税收 8.36 亿元，成为全国有重要影响的铝工业基地。成立省铝基高端金属材料产业集聚基地建设推进工作领导小组，组建专业化经营管理团队和专家咨询委员会，成立基地铝业协会、铝

业技术学会。加强协调调度，同时出台多项支持政策，形成发展合力。先后出台相关办法和意见，对引进人才在工资、住房安排、生活补贴等方面给予优厚待遇。

四、深化产学研合作，提高创新能力

依托华中天力铝业、美信铝业等骨干企业，推动与清华大学、上海交通大学等高校院所的产学研协同创新，打造国家级铝制品质量监督检验中心，组建铝基新材料产业技术创新联盟和院士工作站，争取到2020年基地骨干企业研发机构覆盖率达到90%以上。与上海恩远铝业总部研发中心联手建成省级企业技术中心。设立专项基金支持铝基产业集聚发展。

五、金融与产业结合，拓宽资金筹集渠道

动员多方渠道筹集资金，积极引进省级专项资金作为引导，努力促进淮北市铝基产业做大做强，在现有安徽省铝制品质检中心的基础上，积极筹建濉溪铝基产业研究院并积极争创国家级铝制品质量监督检验中心，引进专门检验人才健全淮北铝基的产品检验、质量认证等。努力通过信贷担保、联保互保、上下游供应链融资等方式为淮北市铝基产业基地的企业融资。

第十章　提升皖北农产品深加工能力

皖北地区按照省加快皖北地区发展战略总体覆盖区域范围界定，包括皖北6市（淮北市、亳州市、宿州市、蚌埠市、阜阳市、淮南市）及沿淮4县（定远县、凤阳县、明光市、霍邱县），国土面积5.3万平方公里。总人口3726.9万人（截至2015年末），占全省的53.6%；在我省经济社会发展格局中占有重要地位，是安徽省面积最大和人口最多的粮食集中产区。

第一节　皖北农产品深加工基本情况分析

一、农产品加工发展迅速

近年来，皖北地区的农产品加工业发展势头强劲，发展速度迅猛，特别是宿州、蚌埠市，增长速度排在全省前6名。2015年皖北地区规模以上农产品加工企业实现产值3793亿元，是2011年规模以上农产品加工企业实现产值的3倍多，2015年规模以上企业的加工产值占全省比重达到了41.5%，占全省农产品加工业总量超过四成，较2011年占全省比重提高一成多，拥有国家级龙头企业10余家。

二、品牌体系逐步建立

皖北各地都十分重视品牌的培育，加大了对品牌建设的资金投入，大力实施品牌战略。经过几十年的努力，农副产品加工领域兴起了一批知名品牌，如丰原油脂、雪雁挂面、凤宝粮油、小岗面业、八公山豆腐、五河“汉白玉”贡米、女山湖大闸蟹、刘老二烧鸡、和平乳业、古井贡、口子窖等品牌在全国具有很高的知名度，有些已经成为中国驰名商标。近年来，皖北各地的农副产品加工企业积极适应市场需求，积极开发绿色、有机农产品，并开始实施地理信息标记和无公害产品认证，品牌体系的建设正在加速推进。

三、利益联结机制较为紧密

随着农副产品加工产业规模的不断壮大，各地产业化组织方式加快创新，目前已经形成了“公司＋农户”“公司＋基地＋农户”“公司＋专业合作组织＋基地＋农户”等多种组织发展模式。这种组织模式的建立，使得公司与农户形成了紧密的利益联结机制，不但为当地的农户开拓了一条脱贫致富之路，而且也为农副产品加工企业的原料供应提供了保障。

第二节　皖北农产品深加工与领先地区比较分析

虽然皖北地区的农产品加工产业发展在省内靠前，但与发达的农产品深加工地区仍然存在较大差距，报告选择将皖北地区与临近的苏北地区农产品加工进行部分指标对比，从而发现皖北地区与发达的农产品深加工地区存在哪些方面的差距。

一、皖北各市农产品加工现状

1. 蚌埠市

2015 年蚌埠农产品加工业实现产值 777.4 亿元，总量位居全省第 5 位，增长 10.5%，增幅位居全省第 6 位。全市有市级以上龙头企业 225 家，其中国家级龙头企业 2 家，省级 43 家，市级 180 家。载体平台优越性初显，目前已建成国家级农业产业化示范基地 1 个，省级农业产业化示范区 4 个，农产品加工园区 9 个，此外，台湾巨力旺食品产业园、中华食品产业园、五河 4 万头奶牛养殖加工、固镇亿只肉鸡、百万只肉羊、怀远县百万头美味猪产业化项目全面开工建设，现代牧业已实现奶业养殖、加工的全产业链生产模式。

2. 宿州市

2015年宿州市新增市级农业产业化龙头企业111家，规模以上农产品企业全年完成加工产值791.5亿元，位居全省第4位，增幅19.3%，增幅位居全省第2位。农产品加工业成为近年来宿州市产值增长速度较快、规模不断扩大的新兴产业。目前，宿州市现有市级以上农业产业化龙头企业438家，其中，国家级3家，省级62家。另外，宿州市还大力推进农业产业化示范区的建设申报，全市现有国家级产业化示范区1家，省级产业化示范区5家，市级产业化示范区14家。2016年宿州市规模以上农产品加工企业完成加工产值1027.8亿元，增长9.2%，总量与增幅均位居全省第3位。

3. 阜阳市

据农业部门统计，2015年，阜阳市经济作物面积361.7万亩，较上年增长7.17%；农村常住人口人均可支配收入为9030元，同比增长10%左右，连续10年保持了两位数增长。新型农业经营主体在现代农业发展中的地位和作用愈加明显。2015年全年新注册家庭农场2090家，家庭农场总数达4134家，比上年增加1倍多；新增农民合作社1714家，农民合作社总数达8439家，较上年增长25.5%；2014年，全市培育市级以上龙头企业达465家，同比净增95家，初步形成了稻米、中药材、食品等9大农产品加工产业集群。2015年，全市农产品加工产值750亿元，连续5年保持20%以上的增长速度。

4. 淮南市

近年来，淮南市坚持“基地＋园区、生产＋加工”的农产品加工业发展思路，形成寿县新桥国际产业园、寿县工业园、凤台粮食加工园、潘集食品加工园、大通农产品加工园、毛集农产品加工园、八公山-谢家集豆制品加工园等七大农产品加工园区（集聚区），建成省级农业产业化示范区3家，农产品加工业呈现集聚发展和整体联动态势。2016年，全市实现农产品加工产值233亿元，增长11.2%。截至2016年末，全市市级以上农业产业化龙头企业发展到206家，其中国家级1家、省级37家；全市规模以上农产品加工企业发展到268家。

5. 亳州市

近年来，亳州市大力发展农副产品加工及绿色食品产业，将农副产品加工产业的转型升级及构建绿色食品产业体系作为两大中心任务。积极实施“小巨人”企业培育工程，每年重点培育20家左右优势农产品加工企业，鼓励本土企业与国内外知名企业开展品牌合作，开发生产中高端产品，支持农产品加工企业创建著名（驰名）商标和名牌产品。2015年全市规模以上农产品加工企业430家，实现产值606.2亿元，分别比上年增加70家和增长13.6%，比2010年增加140家和393亿元。

6. 淮北市

“十二五”期间，淮北市立足产业基础和优势资源，用工业理念发展农业，加快构建现代农业体系，形成了“保增长、提质量、抓科技、促转型”的农业发展格局。2015年淮北市农产品加工产值546亿元，是2010年的近6倍。全市已培育农业产业化龙头企业145家，其中省级农业龙头企业32家，通过“龙头企业＋合作组织＋基地”等模式，建立起十大优势规模基地。

二、皖北与苏北地区农产品加工比较

从表10－1可以发现：皖北地区2015年农产品加工总产值接近3800亿元，皖北6市平均农产品加工产值633亿元；2015年苏北地区农产品加工总产值约为8620亿元，5市平均农产品加工产值1724亿元。苏北地区的农产品加工产值是皖北地区的2倍多，而平均值约为皖北地区的3倍。

从规模以上企业农产品加工与农业总产值的比值来看，皖北地区的比值相对偏低，即皖北地区的农产品加工转化率很低，6市农产品加工与农业总产值之比平均约为1.8∶1（苏北地区约为2.3∶1），与国务院发布的《关于进一步促进农产品加工业发展的意见》中到2020年实现目标值2.4∶1仍然存在一定差距。

在省级及以上龙头企业数量方面，截至2015年皖北6市共有省级以上龙头企业283家，苏北地区共有省级以上龙头企业272家，在省级以上龙头企业总量上皖北地区略微有优势，但从平均数看，皖北地区平均每个市47家省级以上龙头企业，苏北地区每市则有54家，因此皖北地区要相对落后一些。

表10－1 2015年皖北地区与苏北地区农产品加工部分比较

地区	城市	农产品加工产值（亿元）	增速（%）	农产品加工与农业总产值之比	省级以上龙头企业数量
皖北	蚌埠	777.4	10.5	2.34∶1	43
	宿州	941	9.2	2∶1	62
	阜阳	750	＞20	1.36∶1	58
	淮南	209	11.2	1.23∶1	37
	淮北	510	16.5	2.2∶1	32
	亳州	606.2	13.6	1.45∶1	51
苏北	徐州	3420	—	3.5∶1	62
	连云港	767	—	1.4∶1	50
	宿迁	1406.5	—	2.9∶1	44
	淮安	940.2	—	1.64∶1	47
	盐城	2085	—	2∶1	69

第三节 皖北农产品深加工发展制约因素分析

一、产业链体系不完善

皖北地区农产品加工企业数量多、规模小，大多数产品的生产属于初级加工，产品附加值较低。就整个产业链条来讲，皖北地区的农产品加工产业仍处于产业链的低端，产业链的宽度、深度都不够，尤其是研发设计和包装广告等环节的发展更为欠缺，使得整个产业链的层次被拉低。目前，皖北地区多数农产品企业都分布在乡镇，生产工艺落后，产品科技含量低，机器设备陈旧、更新换代速度较慢，远远达不到生产规模化、质量标准化和产品专用化的现代化的要求，产业链的打造很不完善。

二、技术创新能力较弱

首先，皖北地区大多数农产品加工企业生产工艺较为落后，生产设备陈旧，绝大多数产品属于初级加工，科技含量和附加值较低。其次，企业的创新意识较差，对科技创新、技术改造和产品研发的重视程度不够，每年用于科技方面的资金投入较少，没有设立专门的研发中心。再次，产学研合作不够紧密，目前皖北地区尚未形成产学研合作的有效机制，很多企业的研发设计与技术改造主要依靠自身力量，由于当地的风险投资体系不完善，产学研合作缺乏资金支持，使得企业与科研机构、高等院校的合作存在诸多困难。

三、企业融集资金困难

皖北地区大多数农产品加工企业属于中小型民营企业，甚至是小微企业，这些企业难以从银行获得融资贷款，而且当地的风险投资公司数量少、规模小，难以为农产品加工企业提供较多的资金支持。另外，当地政府对民营企业的扶持力度较小，给予的财政资金支持也极为有限，而企业的研发与技术创新又需要大量的资金投入，使得企业的转型升级成为难以完成的事。对于资金周转困难的农产品加工企业，维持正常的生产加工已经是件很不容易的事情，更何况是扩大企业规模，发挥规模效应，这些约束因素严重制约了农产品加工企业的发展与壮大。

第四节　皖北农产品深加工能力发展及提升对策

一、政府切实落实扶持政策

充分利用好省委省政府对皖北地区的各种支持政策，加强政府对经济社会发展的宏观调控与调节作用。加大政府对民营企业的扶持力度，包括提高对民营企业的财政补贴、税收优惠、金融信贷等各项政策支持，为民营企业的发展解决好资金难的问题。积极营造有利于民营企业发展的良好环境，规范和明确权力运行的程序、环节、过程、责任，切实提高行政办事效率，为民营经济激发活力和创造力。完善个体私营企业协会平台的发展，积极编制行业发展规划，加强产业发展的顶层设计，为农产品加工企业发展提供指导与意见。加强南北对接合作，促成皖北农产品加工企业与皖江地区的企业在人才、资金、项目等方面的交流与合作。

二、加强科技创新能力建设

顺应经济发展形势与时代的要求，积极推进传统农产品加工产业改造升级。加快运用新技术、新工艺改造现有的农产品加工企业，推进陈旧落后的生产机器与设备更新换代，提高对中游产品的研发、设计与包装能力，积极生产附加值高、科技含量高的绿色产品，提高产品市场竞争力。加快提高农业的科技创新能力，推进当地农业大户与农科院建立广泛的合作，积极研发、种植绿色、有机农作物，为下游的农产品加工提供绿色无公害原材料；加快建设农业技术开发与转化平台，提高农产品的市场转化能力和产业化速度。加强产学研合作，鼓励农产品加工龙头企业联合高校、科研院所，共同建立技术研发中心，共同解决农产品加工技术研发中企业科研技术欠缺的难题，并重点研发符合市场需求、效益好、绿色无公害的产品。

三、做好资金保障工作

农产品加工产业自身的特点，使得农产品加工企业多数是中小型民营企业或小微企业，因此大多数农产品加工企业存在资金不足、融资难的问题，而这些问题又不是农产品加工企业通过自身能够解决的。因此，政府应该整合社会资源，为农产品加工企业提供更多的资金保障，支持农产品加工产业的发展。首先，各地应尽快出台完善的财税政策，进一步提高对传统企业技术改造的财政补贴，并因地制宜给予一定的税收优惠，推进农产品加工产业转型升级。其次，设立农产品加工产业专项资金，根据项目情况与发展需要，适时加大对农产品加工产业的资金投入，鼓励农产品加工产业做大做强。再次，支持银行等金融机构加大对农产品加工企业的信用贷款，并由财政承担部分利息；进一步引导天使投资、风险投资、创业投资等基金投向农产品加工行业，并支持当地龙头企业上市融资，创业型、成长型企业在“新三板”挂牌融资。

四、做大做强龙头企业

皖北地区农产品加工龙头企业少，总体实力不强，难以发挥行业的示范引领作用。因此，做大做强龙头企业，是振兴农产品加工产业、提高农产品加工产业综合效益的最佳选择。首先，组建企业集团，鼓励龙头企业组建跨区域的企业集团，实现龙头企业之间的优势互补，强强联合；其次，鼓励运用市场机制推进农产品加工企业兼并与重组，加快淘汰落后产能，实现农产品加工产业的内部升级；再次，鼓励农产品加工中小企业进行合并或联合经营，共同组建成行业大型骨干企业，实现资源的优化配置，提高这类企业的生存能力和市场竞争力。

五、强化农产品品牌建设

皖北地区的农产品加工产业已经具备一定的产业优势和市场竞争力，近年来各地逐渐涌现了一批知名品牌，像口子窖、古井贡、八公山豆腐、小岗面业等商标在全国都享有一定的知名度，但皖北地区的农产品加工企业数量众多，拥有的品牌数量不到2%，且先前的品牌建设存在缺陷，完善的品牌体系尚未形成。因此，皖北各地要进一步加强农产品加工品牌建设，加大对品牌建设的支持力度，对于创建省级著名商标和中国驰名商标，给予更多的优惠政策；对于企业申报绿色、无公害产品认证的，按照一定比例，给予企业一定的补贴或税收优惠。另外，要加快拓展农产品品牌空间，各地可以通过建设农产品超市、观光农业、土特产专营店、农产品博览会、绿色农产品推介会等渠道，扩大品牌的空间影响力和认知度，促进农产品品牌建设在全国起模范带动作用。

六、鼓励农产品出口创汇

皖北地区尚未建立起完善的农产品质量标准体系，尤其是产品质量难以达到国际标准，这是农产品出口受阻的主要原因。因此，皖北各地区应广泛借鉴国内外有关制定农产品质量安全标准的经验，加快制定出符合国际标准的包括质量标准、检测标准、技术规程和管理规范体系在内的农产品加工质量标准体系，以此为本土企业提供支持。首先，皖北地区的主要航道是淮河，应充分利用淮河入海的优势，加快建设港口码头基地，尤其是建设县城港区和乡镇码头，为农产品加工企业的出口提供交通便利；其次，鼓励有条件的地区申建陆路口岸与水运口岸，建设物流集散中心和配送中心，推进这些地区开展全球分拨、配送及转口贸易和国际中转货运业务，将当地的农产品销售到世界各地，推动农产品出口创汇。

第四篇

推动创新型产业及集群建设与发展

第十一章　加快创新型产业集群建设和发展

第一节　创新型产业集群的形成与发展

以创新型企业和人才为主体，以技术或知识密集型产业为主要内容，同时以创新组织网络和商业模式等为依托，以有利于创新的制度和文化为环境的产业集群通常被认为是创新型产业集群，其属于创新程度较高、技术或知识密集型的现代产业集群。

一、创新型产业集群的内涵特征

创新型产业集群与产业集群、创新集群的联系十分紧密，它是在特定的产业发展背景下兴起的产业组织形式。创新型产业集群的初级形态是产业集群，而创新集群从产业视角来看，创新型产业集群是其重要且核心的一个子系统。这 3 个概念在各自的提出背景、概念内涵和本质特质上都有所区别，见表 11－1 所列。

表 11－1　创新型产业集群与产业集群、创新集群内涵特征比较

	提出背景	概念内涵	本质特征
产业集群	最早是由迈克·波特在《国家竞争优势》中提出。相互依赖的企业和机构地理集聚的经济系统构成区域经济系统的载体与组织方式	在特定区域内互相联系、地理位置上集中的公司和机构集合，包括一批对竞争起着重要作用的、相互联系的产业和其他实体，以及专业化培训、教育、信息研究和技术支持的政府和其他机构	以产业民展为目标形成的企业网络、空间集聚、产业集聚、市场集聚中，以价值链和供应链互动连接，带来集聚经济效应，提升产业竞争优势

（续表）

	提出背景	概念内涵	本质特征
创新集群	创新集群是OECD推出国家创新系统后，以专题形式对"创新集群"展开研究，在《创新集群：国家创新体系的推动力》（2001）研究报告中推出的一个概念	由企业、研究机构、大学、风险投资机构、中介服务等跨产业组织构成，通过知识链、价值链和产业链形成战略或各种合作，提供区域集聚经济和知识溢出的技术商业化网络空间	以创造、储备和转移知识、技术为目标，创新组织集聚、创新网络形成、通过创新促进技术产品化与商业化；以知识链、产品链与价值链联系形成创新协同系统
创新型产业集群	Voyer最早明确提出创新型产业集群概念：以创新驱动产业集群可持续发展的内生动力源泉，是技术创新推动下产业集群的高级化发展	以创新企业、技术研发机构、产品孵化器、风险投资公司和科技服务机构等在特定地理空间或技术经济空间集聚且与外界形成在效互动结构的产业组织形态。以创新企业和人才为主体，以知识、技术密集型产业为主要内容，以创新组织网络、商业模式、创新文化为依托的产业集群	以新知识生产、技术和产品创新为目标，形成自主创新型企业网络、创新性产品市场集中，风险资本、企业家与专业人才集聚。以价值链为导向，供应链、产业链为组织形式的企业协作网络以知识链为主导的协同创新网络

国家对创新型产业集群的定义是指，围绕战略性新兴产业，通过制度建设和机制创新，以科技资源带动各种生产要素和创新资源集聚，形成以科技型中小企业、高新技术企业和创新人才为主体，以知识或技术密集型产品为主要内容，以创新组织网络、商业模式和创新文化为依托的产业集群[①]。

二、创新型产业集群形成机理

产业集群和自主创新在充分竞争的市场环境中相互促进、不断演化并逐渐形成创新型产业集群。狭义上的自主创新一般是指原始创新、集成创新以及引进消化吸收再创新，广义上的自主创新应该包括技术和工艺创新、组织和市场创新以及制度和文化创新。技术和工艺创新

① 《创新型产业集群建设工程实施方案（试行）》（国科火字〔2011〕153号）

是新产品形成的种子，组织和市场创新是促进新产品茁壮成长的土壤，制度和文化创新是能够培养更多新产品种子的空间环境。

产业集群的形成和发展壮大主要依靠3个方面要素，即活跃的企业创业、产业内龙头企业以及企业之间的多方式联系。产业集群源源不断的生命力来源于不断产生的创业企业，而对于产业发展来说，尤其是高新技术产业，产业内具有国际领先水平的龙头企业相当必要，若无龙头企业的支撑带动，维系产业竞争力就会十分困难；另外，产业集群的形成和发展也离不开各企业之间各种形式的联系，这些企业之间的联系或者依靠大型公共研发机构，或者依靠龙头企业，或者依靠充足的服务产业，或者依靠无形的社会资本等。

可以用两个循环来体现自主创新与产业集群之间的互动（图11-1）。一是产业集群向自主创新的拉动循环：产业集群的发展壮大需要

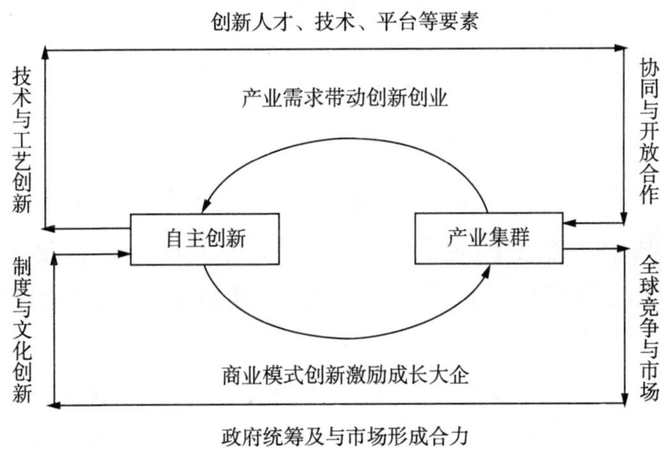

图11-1　自主创新与产业集群互动机理

培养较多的创业企业，而创业大多数来源于自主研发或者购买或资本合作的创新成果。从区域来看，技术和工艺创新需要技术积累、创新人才以及创新平台等创新创业环境，且这种创新须采用开放式创新，立足于全球，通过产业与产业关联、知识与知识关联、产业与知识关联与全球优势资源实现协同创新，迅速促进产业集群的提升和发展。二是自主创新向产业集群的推动循环：在当前及今后的经济全球化时

代，参与自主创新的创业群体需要不断探索和引进创新的商业模式，以便推动国内企业也能迅速成长为像谷歌、微软、华为、百度这样的世界级企业，并且这种世界级企业带动的产业集群需要在全球市场竞争中引领方向、持续获利。

三、皖北创新型产业集群发展

在创新驱动发展战略的推动下，皖北目前已有硅基新材料、铝基高端金属材料、现代中药和高端医疗器械等创新型产业集群。目前省政府已确定的首批战略性新兴产业集聚发展基地中，皖北有亳州谯城经开区现代中药产业集聚发展基地、蚌埠硅基新材料产业园硅基新材料集聚发展基地、阜阳太和经开区现代医药产业集聚发展基地，以及第二批确定的战略性新兴产业集聚发展基地中的淮北市濉溪经济开发区铝基高端金属材料产业集聚发展基地、宿州市高新技术产业开发区云计算产业集聚发展基地。目前在生物产业、高端设备制造和新材料产业上取得了不错的发展成绩，产业集聚度逐渐增强，建设了一部分创新平台，初步形成了创新集群的雏形。

例如，亳州现代中药产业集聚发展基地内现有生产经营和在建药业354家，其中工业生产企业260家，商贸流通药业企业94家；现有通过GMP认证的药品生产企业135家，其中制剂生产企业16家，饮片生产企业119家。2016年1—3月，基地纳入省统计监测企业的124家完成工业总产值54.8亿元，同比增长11.5%，增速高于全市规模以上工业平均增速0.4个百分点；医药工业增加值9.0亿元，同比增加14.7%，中药工业增加值占全市规模以上工业增加值比重达22.7%。

招商引资成效显著。亳州现代中药产业集聚发展基地瞄准产业高端技术、高端产品，以中药产业前100强企业为重点，实施点对点的精准招商，产业集聚效应明显。北京皇岛、君益制药、林鑫制药等项目实现当年签约、当年开工建设。基地依托政策、资源等优势，围绕龙头企业、产业链缺失和薄弱环节，引入中药制药机械、药用辅料、包装材料、中药物流、药材种苗培育等一批具有特色的产业链条关键配套企业。

龙头企业迅速壮大。基地加快企业培育壮大进程，药业企业之间、中医药企业与科研机构间的合作与重组不断加强，形成了康美（亳州）、济人药业、北京同仁堂（亳州）、协和成药业、广印堂、华佗国药、九方制药等一批覆盖大中药产业链关键环节、技术装备水平位居同行业前列、综合实力较强的龙头骨干企业。康美（亳州）华佗国际中药城已经成为全国最大的中药材集散地、国内中药材价格的风向标和价格形成中心，中药大市场、大仓储、大物流体系已基本成型。

融资并购进展顺利。亳州市积极推进多层次资本市场建设，推动新三板、主板上市和产业基金落户，鼓励现有中药企业引进战略投资者，着力补齐资本市场招商短板，解决企业融资难、融资贵的问题。同时，通过股权转让、融资并购、股权合作、联合生产等方式盘活存量企业。芍花堂国药股份有限公司、安徽亳州浙皖中药饮片股份有限公司、安徽东方帝维生物制品有限公司、源和堂药业股份等 4 家公司成功登陆新三板；广印堂药业、济人药业等公司主板上市进展顺利。

创新能力不断提升。亳州市在中药技术研发领域自主研发基础坚实，拥有 5 所与生物医药技术相关的院校、2 家重点科研院所和 30 家创新能力较强的科技型企业。亳州市已与中国中医药学院、中国药科大学等国内知名学府形成长期合作关系。全市现有 180 多个药品批准文号、60 多个常年生产的品种、10 多个新药及中药保护品种。2016 年 1—3 月，基地新增涉药企业和个体户 1318 户，同比增长 416%，其中涉药企业 24 家；申请涉药发明专利 34 件，授权 21 件。

人才支撑更加有力。亳州市不断完善引进人才办法和人才引进优惠政策，引进中医药领域高层次人才团队 100 余人；开展中药检验工和中药炮制工专项培训近 400 人次；在基层一线采取集中技术培训、现场指导、项目对接等多种形式。2016 年，亳州市加大招才引智力度，申报的安徽省亳州中药材特色产业发展服务基地获人社部批准，成为全国首批、安徽唯一一家国家级专家服务基地。亳州市还启动了“创业大讲堂”，邀请国内知名专家、教授授课，邀请本地创业成功人士和全国知名企业创客参与，全面推动大众创业、万众创新。

在各创新型产业集群快速发展的同时，对皖北的装备制造业、电子信息产业、纺织服装业也要推动其集群化发展。

第二节 推动皖北装备制造业集群化发展

装备制造业主要包括金属制造业、通用设备制造业、专用设备制造业、交通运输设备制造业、电气机械及器材制造业、通信设备计算机及其他电子设备制造业、仪器仪表及文化、办公用机械制造业八大行业。马歇尔在其产业区理论中把在特定区域集中的企业和产业描述为“集聚”。而在特定区域内，以龙头企业为核心，在产业上紧密联系的一类或几类装备制造业企业和配套服务机构集聚起来，从而形成区域装备制造业集群。近年来，皖北装备制造业发展基础良好，未来要进一步推动皖北装备制造业集群化发展。

一、区域装备制造业集群形成及发展的动因

1. 降低生产成本

装备制造业产业内部的企业发展需要达到一定的规模，但单个企业的生产规模与企业管理成本之间存在矛盾，伴随企业生产能力扩大而来的是企业管理成本的增加和灵活性的降低。以集群形式发展装备制造业，集群内部企业可以低成本使用人力、资本、技术、土地等生产要素，也可以通过共享集群内的各种基础和服务设施降低平均生产成本。与此同时，由于供应商和销售商都处于集群内部，其运输距离的缩短也为企业节约了生产运输成本。装备制造企业以集群形式发展能够保证企业同时获得规模经济效益和生产经营的灵活性。

2. 竞争与合作的要求

装备制造业因内部产业链条长且对专业协同性要求高，导致竞争与合作是其集群形成与发展的一个十分重要的原因。装备制造业生产过程的纷繁复杂，要求各个企业需要进行分工合作，合作就会引导企业发生集聚，而为争取与核心制造企业的合作，周边配套产业之间又

会产生竞争，良性的竞争会使整个集群的整体竞争力越来越强，从而吸引更多的企业进入集群。当集聚到一定数量的装备制造企业和相关配套企业时便形成装备制造业产业集群。集群内部产业的纵向合作与配套企业的横向竞争对于完善集群内的产业链起到了重要作用，不断促进装备制造业产业集群扩大规模。

3. 专业化分工的推动

根据装备制造业的生产过程特点来看，其产品繁多且具有可分解性，让一个企业单独完成一条产业链上的所有环节是不可能的。装备制造业属于技术密集型产业，集群内的核心企业与上下游企业以及配套企业之间都有较强的技术关联，并要求集群内部具有完整的产业链条。所以，装备制造业比较适合采用集群的方式进行发展，通过专业化的分工协作，增强各企业之间的互补性，发挥资源的最大效用，将区域经济和产业发展结合起来，进而促进区域产业整体竞争力的提升。

4. 技术变迁的推动

装备制造业对技术具有较强的依赖性，所以包含技术创新和技术扩散的技术变迁是装备制造业集群形成和发展的重要因素之一。装备制造业产品一般具有较高的技术含量，对企业的研发能力要求高于其他一般企业，而单个企业一般又很难达到重大装备所要求的技术水平。装备制造业产业集群内的核心大企业会拥有丰富的人才、资本、技术等资源，因此更有可能实现技术创新。另外，技术的高度传递性使得创新技术不会被研发企业所专有，伴随着核心企业创新技术的技术外溢，创新技术逐渐被其他企业吸收再创新，从而实现创新的递增效应，吸引越来越多的装备制造企业聚集到一起，促进装备制造业产业集群的形成与发展。

二、皖北装备制造业产业集群发展现状与存在问题

1. 皖北装备制造业产业发展现状

装备制造业是皖北经济快速发展的重要行业之一。根据皖北各地市经济发展数据统计，2015 年皖北各市共有规模以上金属制造业、通

用设备制造业、专用设备制造业、交通运输设备制造业、电气机械及器材制造业、通信设备计算机及其他电子设备制造业、仪器仪表及文化、办公用机械制造业企业1273家，工业总产值1240.5亿元，占皖北全部规模以上工业企业总产值的12.6%，各地市具体情况见表11-2所列。

表11-2 2015年皖北各市规模以上分行业装备制造业工业总产值

单位：万元

	淮北	亳州	宿州	蚌埠	阜阳	淮南
金属制造业	869688	189235	300913	768443	418552	170803
通用设备制造业	1014110	62438	139430	1727880	192952	78064
专用设备制造业	2205647	72564	510714	2454643	275269	248497
汽车制造业	70798	339770	108528	1251315	151460	155875
铁路、船舶、航空航天和其他运输设备制造业	40224	44596	169871	78357	164098	13093
电气机械和器材制造业	1055997	83324	445669	775555	1214339	91303
计算机、通信和其他电子设备制造业	302869	129137	67510	971037	49135	15746
仪器仪表制造业	90539	—	29642	27095	3294	13464

但具体看皖北各市的装备制造业工业总产值时可发现，皖北各市之间的差距十分明显。从图11-2中可以看到2015年皖北各地市装备制造业的基本情况，蚌埠和淮北两市的装备制造业总产值将近占皖北装备制造业工业总产值的70%，其他4个市的装备制造业发展相对来说在工业中的比重相对较小。

2. 皖北装备制造业产业集群发展存在的问题

从以上的皖北地区装备制造业发展情况分析来看，其装备制造业企业尚处于企业的集聚阶段，在集群的发展过程中还存在许多问题。首先是产业集群的发展数量和规模都还较小，产业链条短，发展层次水平也不高，与东部沿海等发达地区之间的差距也较大。另外，各装备制造企业之间存在的分工协作、配套能力以及创新意识等问题，导致装备制造业产业集群的整体竞争力仍需进一步提升。

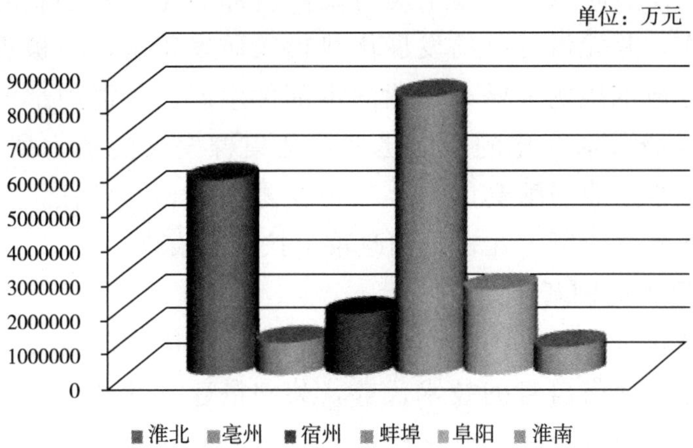

图 11－2　2015 年皖北六市装备制造业工业总产值

三、推动皖北装备制造业集群化发展的对策建议

1. 优化装备制造业集群发展模式

皖北装备制造业产业集群发展存在的首要问题就是集群发展模式单一，针对这一问题，首先就是要寻找到一个适合皖北产业集群持续快速发展的模式。产业网络与社会网络经过错综复杂的叠加之后才形成了皖北装备制造业产业集群的发展，应探索产业链模式与官产学研协同合作模式结合的发展道路。

2. 稳固并延伸产业链

从目前皖北装备制造业产业集群的发展现状来看，其集群发展程度与发达地区相比还较低，同时集群内部的资源配置也比较分散，所以导致了集群规模不大和产业链条也不长等问题。针对此问题，首先应该培植产业集群内部的龙头核心企业，并同时注意建设龙头企业的品牌。其次是围绕龙头核心企业的发展需要，发挥好周边配套中小企业的作用，以稳固和延伸装备制造业集群内部的产业链，迅速扩大产业集群的规模，实现装备制造业产业链的横纵延伸。

3. 增强企业的配套能力

在新时期各级政府支持制造业转型升级的大环境下，各种利好政策相继出台，对于装备制造业产业集群内部的相关配套企业来说要抓住这有利的发展时机，积极主动与集群内部的龙头核心企业加强业务联系和合作，并凭借自身的发展优势投入研发资金，积极进行技术创新，尽可能地承接龙头核心企业的零部件生产。集群内部的中小型配套企业对市场需求变化的反应迅速，是集群发展的活力所在。因此，加强龙头核心企业与配套的中小型企业之间的相互信任，增强皖北地区中小企业配套份额，在资金和政策上扶持其发展。

4. 构建集群创新体系

技术创新是皖北装备制造业产业集群创新体系的灵魂，集群内部的有关企业应凭借自身的技术优势，共同搭建共性技术平台，通过集群内龙头核心企业引进吸收国际先进技术，进一步实现技术在产业集群内部的扩散，并带动集群内部的其他中小型配套企业，逐步形成皖北装备制造业产业集群的创新配套体系，不断提高皖北产业集群的核心竞争力。另外，技术创新需要科研院校和相关研究机构的大力支持，皖北地区的创新体系构建，首先要充分利用皖北及周边地区的高效资源，依托安徽理工大学、安徽财经大学等高水平院校，加强产学研的有效对接，发挥本地专业人力资本优势。

第三节 推动皖北电子信息产业集群化发展

在促进经济增长、调整产业结构、转变发展方式以及保障国家信息安全等方面，电子信息产业发挥着重要作用。与此同时，电子信息产业作为高新技术产业和战略性新兴产业的代表，已经成为衡量区域竞争力和发展水平的重要标志。国务院印发《中国制造2025》，强调要加快推动新一代信息技术与制造技术融合发展，促进我国制造业转型升级，尤其要突出集成电路及专用装备、信息通信设备、操作系统及工业软件等电子信息产业在传统产业升级中的重要作用。

一、皖北电子信息产业面临机遇与挑战

当前电子信息产业最关心的是系统、生态以及环境建设，逐渐摒

弃了过去对节点技术和产品的过分关注。皖北电子信息产业发展需要在承认与发达地区的差距同时，加强与国内外企业之间的开放与合作。电子信息产业的发展规划、大数据、“互联网＋”以及“中国制造2025”等国家一系列的政策都在大力支持电子信息产业发展，其巨大的市场需求、产业基础和政策保障，已经为新一轮的经济迅速发展打好基础。“十三五”时期，在巨大的市场、产业和人才队伍的铺垫下，电子信息领域将有望涌现一批优秀的企业走在世界前列。

当前电子信息行业正处于结构调整的关键时期，制约产业发展的深层次矛盾和问题更加凸显。由于缺乏核心技术、自主知识产权和自主品牌，企业抗风险能力弱。产业对外依存度高，内需市场难以支撑产业发展。但是电子信息行业推进技术改造机遇大于挑战，2015 年以来，国内电子信息制造业进入中速增长的新阶段，增速从 10％以上降至 8.5％左右，并保持平稳态势。出口环境未有改善，仍然围绕着零增长上下浮动。目前来看，全球电子信息消费市场依然不旺，国内电子信息制造业增速预计将维持 8％左右，出口增速有望实现正增长，但仍有较大不确定性。产品增速下降，产业提增因素匮乏是当前电子信息行业面临的主要难题。

一些地区和部门对信息消费理解不深，弄不清其本质、范围，在实践中难免会举措不当，甚至在招商过程中将一些潜力大的项目拒之门外。同时，云计算、大数据、移动互联网等新型信息消费领域的发展，既受到传统观念、政策、标准、监管等因素的制约，也面临信息资源开放共享水平较低的挑战。

皖北电子信息产业的高速发展，主要却是得益于产品的制造，而信息的内容还是严重缺乏的。在当今这样一个“卖电视不如卖电视剧，卖手机不如卖手机软件”的时代，加强消费产品的供给，皖北是具有很大潜力的。但皖北软件产业规模总量小，涉及行业、领域窄，骨干企业带动作用有限，新型互联网企业少，支撑作用不强。皖北自主品牌产品和软件开发服务利用相对不足，限制了信息消费总量的提升和结构的优化。

二、皖北电子信息产业发展思路与对策

结合当前电子信息行业发展态势，皖北不同地市都针对其产业发展提出了具体目标，以下以电子信息产业发展较好的蚌埠市为例进行具体的电子信息行业发展思路分析。

2016 年，蚌埠市规模以上电子信息产业完成产值 265.9 亿元，增长 42.0%，高于全市规模以上工业平均水平 27.3 个百分点，其中：电气机械和器材制造业、计算机通信和其他电子设备制造业、仪器仪表制造业分别实现产值 120.0 亿元、142.2 亿元、3.7 亿元，分别增长 51.9%、35.0%、25.9%。面对蚌埠当前电子信息产业发展局势，提出三大发展思路：一是政策撬动。设立 5 亿元市级产业引导基金，组建 20 亿元电子信息产业基金、30 亿元硅基新材料产业发展基金等，优化政策扶持体系，支持硅基新材料、显示玻璃、电子元器件等优势产业加快发展。二是创新驱动。加快高新技术企业、创新型企业等主体培育，强化与驻地科研院所合作，加速关键技术攻关，玻璃设计研究院入选全省首批行业技术中心，信息显示超薄玻璃基板突破 0.15 毫米，赶超世界先进水平。三是平台推动。加快省硅基新材料、市特色电子元器件产业集聚发展基地建设，双环电子、依爱电子等获省“电子信息制造业专精特新企业”称号，高新区获省电子信息制造业优秀产业基地称号。四是项目带动。落实工业项目用地会商和工业用地产业审核制度，豪威科技交互式电子白板、大富重工柔性 OLED 显示模组等项目开工建设，中光电高强触摸屏用保护玻璃、德豪光电 LED 产业化基地等项目加速推进，方兴光电触摸屏柔性镀膜、蚌埠国显液晶显示模组等项目竣工投产。

第四节　继续加强皖北纺织服装转型升级和集群化发展

在国民经济中，纺织服装业门槛低，竞争充分，同时也为市场提供了大量的就业机会，因此纺织服装业可作为皖北实施工业化时的起

点行业，同时，由于该行业呈现出很强的生产细分化特征，也为皖北提供了进一步向纺织服装行业价值链中高附加值和更复杂的生产阶段升级的机会。

一、皖北纺织服装业发展现状

皖北纺织服装业是皖北经济快速发展的重要行业之一。根据皖北各地市经济发展数据统计，2015 年皖北各市共有规模以上纺织业、纺织服装、服饰业以及皮革、毛皮、羽毛及其制品和制鞋业企业 738 家，工业总产值 8070.9 亿元，占皖北全部规模以上工业企业工业总产值的 8.2%，但具体到皖北各地市时，这一差别仍较明显。从图 11－3 中可以看到，2015 年皖北各地市纺织服装业发展的基本情况，从纺织服装业总产值看，阜阳、宿州以及蚌埠分别占据了皖北的前三甲，三市纺织服装业总产值占皖北纺织服装业总产值的 76.9%。同时这一组数据也说明了另外一个问题，虽然阜阳的纺织服装业工业总产值很高，但其企业平均总产值不及蚌埠、淮北和宿州。

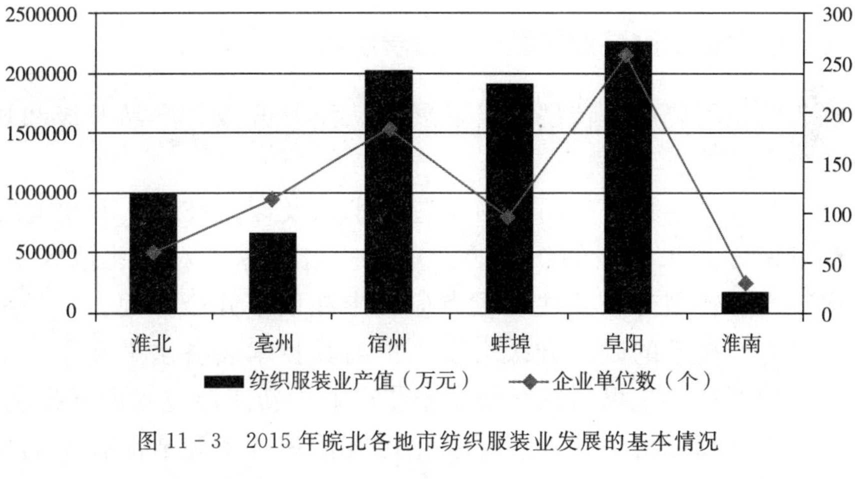

图 11－3　2015 年皖北各地市纺织服装业发展的基本情况

从另一方面看，各市纺织服装业总产值占全部规模以上工业企业工业总产值的比重差异也较大（图 11－4）。其中宿州和阜阳的比重分别达到了 12.47%和 11.42%，其他 4 市均不足 8%。究其原因，淮北和淮南作为煤炭资源型城市，其重工业发展占据了工业较大的比重；

亳州的医药制造业是其特色产业，近年来也在大力发展中医药产业，医药制造业产值占亳州全部规模以上工业总产值的近四分之一。纺织服装业是皖北尤其是宿州和阜阳重要的经济支柱之一，现阶段促进纺织服装转型升级和集群化发展迫在眉睫。

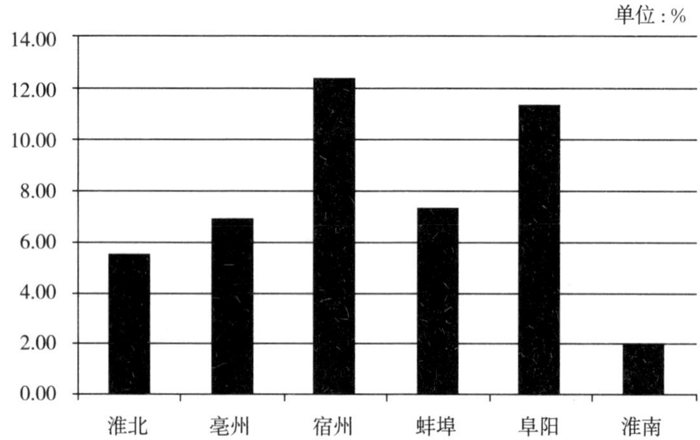

图11-4 2015年皖北各市纺织服装业总产值比重

二、皖北纺织服装业转型升级发展思路

皖北纺织服装产业转型升级发展可从流程升级、产品升级和功能升级3个方面重点着手。

流程升级主要是指应用新的制造技术以及印染技术，和更有效率的生产组织方式来提高纺织服装产业的生产效率。对皖北地区来说，纺织服装产业转型升级关注的重点应集中在以下几个方面。一是进一步加大对生产技术的改造升级力度，提高其技术装备水平和生产工艺与流程的创新；二是提高皖北纺织服装产业中新能源技术的开发利用，减少污染，强调可再生性；三是强化污废治理技术和节能技术的推广应用，促进轻纺工业清洁生产。

产品升级主要是指通过技术创新、设计创新，提供比竞争对手更具有市场竞争优势的新产品，增加产品附加值。对皖北地区来说，纺织服装产业转型升级关注的重点应集中在两个方面：一是不断提高技术创新能力，政府和市场要鼓励企业多研发智能化、功能化和高档次的纺织服装产品；二是引导纺织制造业与纺织服务业的相互融合发展，培养一批具有知名度和影响力的设计公司、设计师以及品牌营销策划人才，提高纺织业的时尚创意创新能力。

功能升级主要是指从微笑曲线低端的贴牌生产，向微笑曲线高端的自主设计、自主制造、自有品牌发展，获取更多的附加值。对皖北地区来说，纺织服装产业转型升级关注的重点应集中在三个方面：一是深化皖北纺织服装企业的品牌建设工程，培育新品牌，做强优质品牌，提升品牌资产价值；二是发挥品牌资产的资源整合能力，推动总部经济发展；三是支持品牌企业通过股权运作、品牌收购、渠道整合、战略联盟建设等途径，提升皖北纺织产业集中度。

三、推动皖北纺织服装产业发展建议

做好集群规划，加强载体建设。对宿州、阜阳等有产业基础、发展前景好、具备一定成熟度的纺织服装产业集群，重点做好集群的规划工作。按照皖北各地资源禀赋特点、纺织服装产业发展现状和产业链形成规律，选择最具有本地比较优势的产业或产品，重点培育一到两个特色纺织服装产业集群，科学编制一批特色纺织服装产业集群的发展规划。

打造皖北区域品牌，培育一批国内知名企业。实施“增品种、提品质、创品牌”的“三品”战略，打造高附加值、高利润、高品质、高市场占有率的优势品牌。纺织服装产业是典型的品牌驱动型产业，产业各种资源的配置都围绕品牌而展开。通过建设自主品牌，享受品牌所带来的附加值提升以及利润提升。

借助电子商务平台，培育新时期市场营销能力。在电子商务和网络市场在E时代纺织服装商品营销中的作用将不断提升。一方面，政府应支持有条件的企业独立建立电子商务平台，或者联合第三方电子商务服务企业开展电子商务应用，建立网上专业市场。另一方面，鼓励企业创新营销模式，建立适合电子商务发展的商业模式，缩减产品流通环节，增强对终端市场的控制能力和反应速度。

第十二章 培育和发展新兴产业及集群化

第一节 新兴产业发展的路径

在研究国内众多学者的研究成果之后，总结出战略性新兴产业大概有市场推动的内生式发展路径、政府推动的外推式发展路径以及市场和政府协同推动的发展路径 3 种。

一、市场推动的内生式发展路径

市场推动的内生式发展路径一般是指，在与其他产业的竞争过程中，新兴产业凭借自身的比较优势，优先占领市场份额，获得市场需求的大力推动和支持，从而不断发展壮大。从企业层面来说，在研究不断变化的市场需求后，坚持自主创新或引进先进技术，向市场提供能够满足消费需求的新产品，并在对其规模化生产以后，逐渐发展为新兴产业的过程。这一过程具有内生性、自主性和客观性。在经济系统中，各个产业经过不断竞争、市场优胜劣汰的选择后，新兴产业才得以形成与发展，体现了其内生性的特点。同时新兴产业在形成与发展过程中尚未过度依靠政府的各项政策，主要还是凭借自身的比较优势，这是其自主性特点。新兴产业发展经过的市场选择、发育成熟以及进入规模化生产等过程都是依赖于科技成果的转化，是经过市场竞争后的结果，体现了其客观性的特点。

市场推动的内生式发展路径的优点在于，新兴产业的形成与发展是经过市场严格的优胜劣汰选择考验的，其原有比较优势得到了不断加强，自主创新意识和水平、市场竞争力与抗风险能力等都会明显高于传统产业。其缺点主要在于，从新兴产业萌芽到最终在市场占据一席之地，这一过程可能比较漫长，同时也会有一定的盲目性。

二、政府推动的外推式发展路径

政府推动的外推式发展路径一般是指，在政府各项明确的扶持政策以及对技术成果转化的财政政策帮助下，新兴产业优先取得生产要素，并迅速占领市场份额，从而获得成长的方式，其实质是新兴产业通过政府的培育才得以发展。这一过程中体现的特点刚好与内生式路径相反。首先是由于受到政府政策的干预，新兴产业才得以形成和发展，体现了外生性特点。其次是新兴产业的发展需要政府在资源、财政等方面都给予优惠和保护，具有较强的依赖性特点。最后由于新兴产业是政府根据产业结构转型升级需要选择的，未经市场检验接受，这样的新兴产业未来发展具有很强的主观性。

政府推动的外推式发展路径的优点在于，经过政府培育发展起来的新兴产业，由于政策的稳定性，其确定性程度比较高，受市场不确定性因素的影响较小，而且在政府政策的扶持下，新兴产业从萌芽到最终占领市场地位这一过程比较迅速。其缺点主要在于，政府扶持的新兴产业没有在市场竞争中接受选择和淘汰，其自我发展和技术创新能力也没有得到加强和提升，在抗市场风险能力方面可能要相对弱于经过市场推动的内生式发展路径发展起来的新兴产业。

三、市场培育与政府扶持共同作用的发展路径

以上所说两种新兴产业发展路径，都是纯粹的市场行为或者政府行为，而在实际经济中，这两种路径都十分罕见，更多是在政府政策与市场环境的协同作用下，新兴产业得以形成和发展。因此实际发展起来的新兴产业大多数是经过市场培育与政府扶持共同作用和影响的，这种路径可以简单概括为推拉结合模式。它将市场推动的内生式发展路径与政府推动的外推式发展路径两者的优点结合，形成市场拉动与政府推动的合力，同时又克服了两者的缺点，是新兴产业形成和发展相当重要的一种模式。

第二节 皖北战略性新兴产业发展的关键环节

《皖北地区经济和社会发展"十三五"规划》中指出，要重点培育发展市场前景好、产业关联度高、带动能力强的新一代信息技术、智能装备、新能源汽车、新材料、节能环保、现代中药和高端医疗器械。经过前面对新兴产业发展路径的分析可知，领军企业、产品和品牌、技术和人才等都是战略性新兴产业形成和发展过程中重要的环节，在皖北大力发展战略性新兴产业的过程中必须牢牢把握。

一、抓领军企业，带动战略性新兴产业发展

产业链利润空间比较大、竞争力比较强的研发和销售端，经常被行业的领军企业占领，也就是说，要通过抓住战略性新兴产业中的龙头企业和核心企业等领军企业来带动其发展。从皖北的战略性新兴产业发展现状来看，目前有良好基础的领军企业主要集中在新材料、生物医药以及装备制造等行业，这些领军企业在资金、技术和人才等方面的比较优势，以及与其他新兴产业领域的联系，使其在促进战略性新兴产业的发展方面有很强的带动作用。

二、抓产品，实现战略性新兴产业规模化发展

一般通过战略性新兴产品的种类和规模来衡量一个新兴产业的发展规模。从安徽省全部战略性新兴产业的产品种类来看，皖北新兴产业的产品种类比较集中在新材料和现代中药行业中，其他战略性新兴产业的产品种类在全省规模中所占比重并不多。在新兴产业产品的规模上，皖北也只有现代中药和新材料在全省范围内相对来说比较大。增加战略性新兴产业的产品种类以及扩大其产品规模是其形成竞争力的主要手段。

三、抓品牌，培育战略性新兴产业

一个企业最重要的无形资产当属其品牌，其重要性已经远超一个

企业的土地、资金以及技术和人才等生产要素，只要企业的品牌还在，它就依然能够生存发展下去。战略性新兴产业在为市场提供新产品的营销时期就应重视品牌的培育，当企业建立起自己的品牌时，其生产能力就得到了释放，为下一步的规模化生产奠定了基础，同时通过对产业链上下游企业的带动作用，更容易提升皖北区域的整体产业竞争力。

四、抓研发，支撑战略性新兴产业发展

凭借自主创新发展起来的战略性新兴产业一般都能够形成自身的核心竞争力。例如硅谷的电子信息产业，由于其掌握了核心技术，其在计算机芯片、操作系统和互联网技术方面仍占据着全球的垄断地位。2008 年金融危机以来，许多国家在寻找新一轮的经济增长突破口时，把目标转向了新材料、新能源等战略性新兴产业，并在这些领域不断增加研发投入，以期获得技术创新。因此，在皖北大力发展战略性新兴产业时，企业和政府都要十分重视研发活动，把研发作为发展新兴产业的第一要务来抓。

五、抓人才，为战略性新兴产业提供智力保障

发展战略性新兴产业第一要务的研发活动需要研发人才，国内外的实践表明，优秀的技术人才能够把技术转化为新产品并进一步形成新产业。皖北地区的人力资源虽然丰富，但在技术研发的高端人才方面存在很大缺口。从某种程度上来说，人才是发展新兴产业的第一要素，而教育系统承担着为经济发展提供专业人才的任务。但目前很多战略性新兴产业都是多种学科的交叉，例如复合材料技术、光伏发电技术等专业都很少出现在大学的专业设置当中，基本无法为新兴产业提供相关的技术人才。所以，这方面需要皖北企业自身开展相关的技术研究，为本地区的战略性新兴产业发展提供技术支撑。

六、抓产业园区，促进产业集群式发展

战略性新兴产业一般依托的是高新技术，国内外的战略性新兴产业发展实践表明，高新技术产业发展的有效载体是使产业集中布局的

产业园区。集群式的产业园区是促进新兴产业快速发展的有效途径。例如蚌埠硅基新材料产业集聚发展基地重点发展新型显示用硅基新材料、太阳能电池用硅基材料、高分子材料和纳米材料等领域，努力建成具有国际竞争力的硅基新材料产业集聚发展基地。阜阳现代医药产业集聚发展基地重点发展生物医药、现代中药、化学制药等领域，努力建成全国重要的现代医药产业集聚发展基地。亳州现代中药产业集聚发展基地重点发展中药饮品、中成药、中药提取物、中药保健品等领域，努力建成全国重要的现代中药产业集聚发展基地。

第三节　光伏产业的发展前景及皖北的发展机遇

光伏产业是我国加快发展和培育的重要战略性新兴产业，其发展受到宏观能源环境、能源价格变动以及政府扶持政策等的影响。我国的光伏产业发展起步较晚，前期发展速度也较慢，不过随着政府一系列的扶持政策出台和企业战略转型后，国内的光伏产业发展速度将迅速加快。

一、光伏应用市场发展前景

1. 短期发展前景

（1）市场发展必须得到政策支持

短时间内，光伏电站的发电成本还是要比传统化石能源发电的成本高许多，因此在短期的发展过程中需要政府给予大型集中式光伏电站经济补贴。虽然经济补贴不能解决根本问题，但也的确是目前短时间内持续发展光伏应用市场的必要手段。目前，政府对家庭光伏电站的补贴在50％左右，从补贴比例上看是很高的了，但从家庭补贴后还需承担的费用看，50％的补贴并没有达到普通家庭用户能够接受的程度。此外，补贴项目名目繁多，申请流程也较复杂，这都阻碍了家庭用户参与屋顶光伏电站计划，不过这些情况都在逐渐好转。

（2）特殊环境下的光伏应用市场继续发展

一直以来，在一些特殊环境下应用的太阳能路灯、信号灯等光伏应用产品几乎未受到美国“双反”和欧债危机的影响，因此都保持着比较稳定的增长。尤其是在某些太阳能路灯等产品与国内传统产品保持同水平的成本时，就成为很多城市旧城改造和新城建设的重要项目。但目前这些产品对光伏面板的市场需求量并不高，对于扩大光伏应用市场的作用并不明显。另外，由于太阳能路灯、信号灯施工安装质量不过关，太阳能路灯产品参差不齐，路灯管理水平落后，居民对其爱护程度不够等原因，一些地区的太阳能路灯项目并没有取得预期的效果，影响了示范应用的效果。未来应该加强太阳能路灯、信号灯建设的管理水平，充分发挥光伏公共产品的示范引领作用。

(3) 标准厂房、工业园区、公共建筑分布式电站先行发展

屋顶电站这种即发即用的方式在缓解化石能源紧缺、降低输电能耗比重等方面的效果十分明显，不过这种光伏应用市场在发达国家发展的较好。在国内，屋顶业主和电网公司是分布式电站推广的主要障碍，所以可首先将产权明晰、自身用电量较大的建筑物作为发展对象。目前，在工业厂房上安装光伏电站的障碍还比较多。首先，要找到合适厂房，建立光伏电站并不容易。其次，找到了合适屋顶，要征得厂房业主同意也不容易。最后，即便是业主同意安装电站也还存在不少麻烦，因为许多厂房的屋顶是彩钢结构，在承重能力方面较差，单位面积的装机容量也不大，还需另外再花安装加固费用，变电设备的安装将引起一定的安全担忧。这些追加的投资和工程都会影响业主是否还能继续与光伏企业履行合同。

2. 长期发展前景

(1) 光伏性价比不断提高是国内市场大发展的先决条件

在遭到美国“双反”和欧债危机的双重打击后，光伏产品的价格已经下降到最低。未来光伏产品的性价比将主要通过提升产品的性能来提高。当期，批量生产的单晶硅系统的转化率最高为18.4%，多晶硅系统的转化率最高为17.2%，据估计，若转化率提高到20%，那么按照现行价格和50%的建设补贴，用户可在6年内就将安装成本收回，若进一步将转化效率提高到理论上的最大值25%，这一时间将会缩短到4～5年。国内一批大型光伏企业站在长远的发展角度，即使在

最艰难的环境下也一直坚持技术研发，因此单晶硅和多晶硅的转化率都在持续提高，同时由于产品成本的适度降低，长远来说，分布式光伏电站的成本回收期将有望缩短到用户基本能够接受的 3 年左右。

（2）能源供需矛盾增大和能源结构变化促进光伏应用市场发展

据估计，我国“十三五”时期，能源消费总量的年增长率大概会保持在 4.8%～5.5%，随着国内能源供需矛盾进一步突出，加快包括太阳能在内的可再生能源的发展速度迫在眉睫。中国在 2009 年超过美国成为世界上最大的能源消费国，同时还面临人口基数大、人均能源消费明显低于发达国家、经济总量大且增速较快等对能源消耗的压力。根据相关预测，2020 年中国石油和天然气对外依存度将分别高达 60% 和 40%，中国的经济发展与社会稳定都将严重受制于国际能源价格和供给情况，如果光伏等新能源的比重在近十年内能够大幅提高，将有助于缓解中国经济在未来的发展压力。

（3）市场成熟促进光伏产业链进一步延伸和完善

随着光伏应用市场的逐步发展，将形成涉及建筑物一体化工程、储电设备制造业以及光伏装备制造业、回收再利用业等完整的光伏产业链。将来在考虑建筑物的整体美观和光伏电站的安装维护时，会不断把两者的设计和安装融合到一起。同时，适用于光伏电站逆变器的储电设备的市场需求也在不断扩大，未来必定会带动相关制造业的发展。另外，国内的光伏装备制造企业的技术水平已经达到了国际先进水平，打破了国外进口光伏装备垄断国内市场的局面。关于回收再利用行业，由于光伏电站的使用寿命一般只有 25～40 年，等过了使用年限以后，可以回收再利用光伏组件中的线路和支架等。

二、皖北发展光伏产业的机遇

在“十二五”前期，我国光伏产业经历了美国“双反”、产能过剩、几大龙头企业破产等挫折后，于“十二五”后期，全产业上下游全面回暖。新时期，在政府扶持和技术创新的持续发力之后，2016 年光伏产业逆势上扬、大放光彩。“十三五”时期，皖北的光伏产业迎来前所未有的大好局面。

1. 光伏发电上网标杆电价下调

2015 年 12 月，国家发展改革委发出《关于完善陆上风电光伏发电上网标杆电价政策的通知》，适当降低新建陆上风电和光伏发电上网标杆电价。同时指出，利用建筑物屋顶及附属场所建设的分布式光伏发电项目，在符合条件的情况下，允许变更为“全额上网”模式，“全额上网”项目的发电量由电网企业按照当地光伏电站上网标杆电价收购。业界认为，调整后的标杆电价政策依然对新能源产业保持较强的支持力度。而这次电价调整将会淘汰光伏市场中一些规模小、技术创新和融资能力不足的小企业，而有一定发展基础又找对了发展路径的企业则会不断地在锻炼中成长。

2. “领跑者计划”引领“十三五”光伏行业加速奔跑

光伏“领跑者计划”于 2015 年 6 月出台，是国家能源局从 2015 年开始，每年实行的光伏扶持专项计划。国家能源局对入选“领跑者计划”的项目，从建设标准、技术进步和成本下降目标等方面提出要求。虽然“领跑者计划”的启动时间不足两年，但许多光伏企业都十分认同该计划为光伏企业注入的正面带动力量，从淘汰落后产能、促进行业规范性和标准性以及促进光伏产业升级等方面带来了重要影响。

3. “十三五”光伏扶贫将遍地开花

光伏扶贫是《安徽省“十三五”脱贫攻坚规划》中明确指出的产业脱贫工程的一项重要内容，建设光伏电站增加贫困人口收入是一种精准扶贫方式。预计“十三五”期间，光伏扶贫工作将在皖北遍地开花，为皖北贫困同胞提供绿能、阳光、可收益的精准扶贫方案。安徽省于 2013 年在全国率先实施光伏扶贫，同时皖北地区又是安徽省贫困人口较多的地区之一，未来光伏产业在皖北将有广阔的发展空间。

第四节 机器人产业发展前景及皖北的发展机遇

机器人是集机械、电子、计算机、传感器、人工智能等多学科先进技术于一体的自动化装备，是未来智能装备的发展方向。近年来，世界各国高度重视机器人产业的发展，纷纷出台发展规划政策加以扶持。

一、机器人产业发展前景分析

1. 我国工业机器人市场规模快速扩大

预计“十三五”期间，我国机器人产业仍将面临较为复杂的发展形势，与此同时，伴随劳动力成本上涨和人口红利的消失，生产方式也在逐渐向柔性、智能、精细转变。我国工业机器人新装机量有望持续保持较快速度增长，同比增长率预计为30%。预计到2020年，我国工业机器人保有量在60万台以上，使用密度达每万人100个以上。2014—2020年，我国工业机器人的市场销售额为1480亿元～2180亿元，完整应用系统的市场销售额为4440亿元～6540亿元。

2. 自主品牌机器人不断发展壮大

随着《战略性新兴产业“十三五”发展规划》等新的促进产业结构调整和智能制造政策的酝酿出台，制造业、家政、医疗健康、娱乐教育、公共安全事件处理等方面对机器人的需求量会不断增加，机器人产业将迎来新的巨大发展空间，自主品牌机器人将进一步发展壮大。《机器人产业发展规划（2016—2020年）》的主要任务之一就是积极培育龙头企业，提出要引导企业围绕细分市场向差异化方向发展，开展产业链横向和纵向整合，通过联合重组和合资合作加快培育若干管理水平先进、创新能力强、规模效益好、市场竞争力强的龙头企业，打造一批知名度高、综合竞争力强、产品附加值高的机器人国际知名品牌。

3. 创新中心建设有望加速

《中国制造2025》提出制造业创新中心（工业技术研究基地）建设工程，到2020年，重点形成15家左右制造业创新中心，力争到2025年形成40家左右制造业创新中心。工业和信息化部考虑把国家机器人创新中心建设列为《机器人产业“十三五”发展规划》的主要任务之一，并已着手研究创新中心的组建方案，多地方对于中心建设表现积极，组建面向全行业的国家机器人创新中心，对于改善我国机器人产业自主创新能力弱、核心技术差距尚存的问题意义重大，对推动我国高端制造的创新发展、促进我国产业结构升级与优化具有重要的意义。

4. 应用领域和区域不断扩展

工业机器人的应用领域预计将从目前的汽车、电子、金属制品、橡胶塑料等行业，逐渐延伸到劳动强度大的纺织、物流行业，危险程度高的国防军工、民爆行业，对产品生产环境洁净度要求高的制药、半导体、食品等行业，以及危害人类健康的陶瓷、制砖等行业。

二、皖北发展机器人产业的发展机遇

随着国家层面和地方政府相关应用示范政策的不断推进落实，机器人产业发展受到国家及省级各地方的高度重视。国家层面出台的政策有《机器人产业发展规划（2016—2020年）》《工业和信息化部关于推进工业机器人产业发展的指导意见》《原材料工业两化深度融合推进计划（2015—2018）》等。安徽省内大力推广工业机器人在汽车、家电、工程机械、船舶制造等行业的应用。在新时期大力发展战略性新兴产业，加快调结构、转方式，推动产业转型升级，是新常态下实现新发展的关键举措。安徽省人民政府根据党中央、国务院一系列决策部署，制定了《加快调结构转方式促升级行动计划》（简称《4105行动计划》），该计划提出实施十大重点工程，其中创新发展工程特别强调在机器人领域加强攻关。皖北在招商引资方面也高度重视机器人产业的引进，各项支持政策不断酝酿。各项政策的推动为皖北发展机器人产业提供了机遇。

第五节　通用航空产业发展前景及皖北的发展机遇

通用航空是我国除了民用航空以及军用航空之外的所有航空活动，被称为航空业的“三驾马车”之一。通用航空覆盖农林牧渔业、工业、建筑业、矿业等的作业飞行及抢险救灾、医疗卫生、海洋监测、气象

探测、遥感测绘、文化体育、教育训练、旅游观光等方面的飞行活动。

一、通用航空发展现状及未来趋势

通用航空产业是衡量一个国家科技、经济和人民生活水平的重要标志。近年来，我国通用航空产业发展迅速。2015年，全行业完成通用航空生产飞行77.93万小时，比上年增长15.5%。其中，工业航空作业完成8.55万小时，比上年增长1.4%；农林业航空作业完成4.21万小时，比上年增长10.1%；其他通用航空飞行65.18万小时，比上年增长18.0%。截至2015年底，获得通用航空经营许可证的通用航空企业281家，其中，华北地区72家，中南地区55家，华东地区56家，东北地区30家，西南地区37家，西北地区25家，新疆地区6家。2015年底，通用机场超过300个，通用航空企业在册航空器总数达到1904架，其中教学训练用飞机508架。2016年6月，《国务院办公厅关于促进通用航空业发展的指导意见》发布；重点提出要培育通用航空市场，加快通用机场建设，促进产业转型升级，扩大低空空域开放，支持开展各类通用航空业务。为了更好地促进通用航空产业的发展，提前谋划布局规划有利于提升通航产业竞争力。

根据中国低空空域改革开放进程，我国通用航空产业发展会有产业规划期、产业起步期、产业发展期和产业成熟期4个阶段，具体如图12-1所示。

二、皖北建设空港产业园区的意义

1. 航空港产业园建设有助于皖北区域经济整体协调发展

皖北地区所处的淮海经济区位于环渤海经济圈和长三角经济区之间的经济低谷地带，也是多个经济区的边缘地带。作为传统的农业地区，皖北各个地市存在经济发展水平较低、农业人口比重大、城镇化和工业化程度低、人口大量流出等普遍问题。图12-2反映出了2015年皖北各市与安徽省人均GDP的比较。2015年皖北各市人均GDP相较于安徽省人均GDP来看，宿州、阜阳、亳州人均GDP明显低于安徽全省，而淮北、蚌埠、淮南与安徽省人均GDP基本持平。皖北各市人均 GDP 明显低于安徽省人均 GDP。

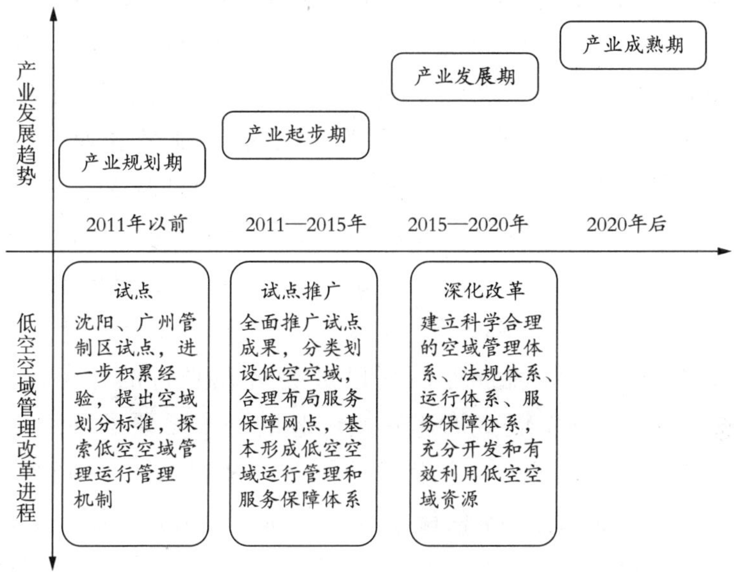

图 12－1　中国通用航空产业发展趋势

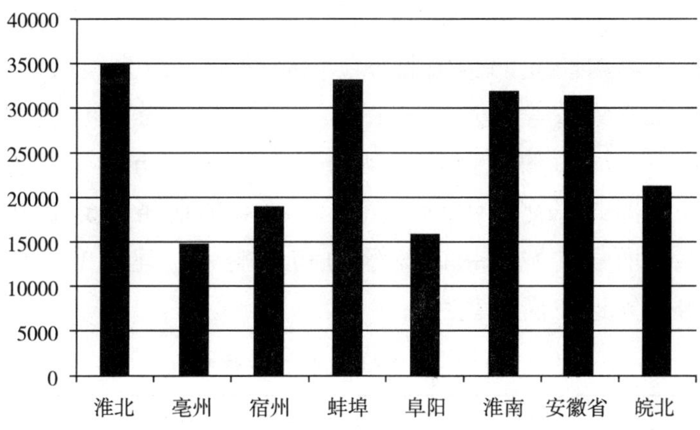

图 12－2　2015 年皖北各市人均 GDP 与安徽省人均 GDP 比较

蚌埠作为皖北的中心城市，建设航空港产业园对于加快皖北地区振兴，对皖北地区成为安徽经济发展新的增长极有强劲的推动作用。“十二五”时期，皖北地区取得了一系列新成就。2015 年 6 市规模以上工业增加值达2642.1亿元，是2010年的1.8倍，年均增长13%，工业主导地位日益突出。电子信息、生物医药、现代中药等战略性新兴产业异军突起，金融、物流等现代服务业发展迅速，煤电、化工、农副产品加工等主导产业规模日益壮大，对经济支撑力明显增强。各类市场主体快速成长，2015年规模以上工业企业数达到5589户，占全省比重从2010年的25.1%提高到31.1%。经济社会总体实力壮大、结构优化、质量提升。2010—2014年，皖北地区城镇居民人均可支配收入、农民人均纯收入分别由14847元、4697元增加到22914元、8827元，与全省保持同步增长。在如此强劲的发展势头下，建设皖北中心机场，发展航空物流产业园区已成为势在必行的任务。航空产业园的建设是统筹区域发展、加速安徽崛起的一个重要发展力量。

由表12-1可知，近年来皖北经济占全省比重呈下降趋势，但蚌埠市GDP总量占皖北经济总量的比重反而在持续上升，发展潜力巨大。因此，建设蚌埠成为皖北区域性特大中心城市是省委省政府对蚌埠发展的最新定位，省住建厅对蚌埠市城市规模核定为：到2030年中心城区城市人口规模220万人，建设用地规模220平方公里，规模列全省前3，皖北第1。蚌埠作为皖北经济发展的核心增长极和加速器，正在着力打造辐射皖北的金融服务、商贸物流、教育科技、医疗服务、综合交通和旅游集散等“六大中心”，“桥头堡”作用已经显现，将支撑巩固皖北中心城市的地位，推动重返全省第一方阵，共建安徽第三极。为充分发挥蚌埠交通优势，拓展城镇职能服务腹地范围，加强区域统筹，不断增强县城和镇的竞争力和影响力，建设蚌埠皖北中心机场产业园的任务迫在眉睫。

表12-1 近年皖北GDP情况

年份	2000	2005	2010	2013	2014	2015
皖北GDP（亿元）	940.86	1652.96	3588.73	5525.20	5913.28	6229.88
安徽省GDP（亿元）	2902.09	5350.17	12359.33	19229.34	20848.75	22005.6
皖北占全省比重（%）	32.42	30.90	29.04	28.73	28.36	28.31
蚌埠占皖北比重（%）	17.39	18.30	17.78	18.94	19.47	20.11

2. 航空港产业园建设有助于加快皖北地区对外开放发展

航空物流港的建设对于扩大皖北进出口贸易规模、保持服务贸易快速增长、促进外贸增长方式转型升级有重要意义。积极引进大进大出项目，以蚌埠（皖北）航空物流产业园区为载体，一来可以支持企业进驻航空产业园区，激发外向型经济活力。二来可以支持和引导航空产业园区提升服务功能，谋划建设综合保税物流区，加快实现政策叠加。三来可以推进跨境电子商务平台建设，加强与第三方知名电子商务平台企业合作，筹建跨境电子商务平台，通过数据共享、资源整合和增值服务提升进出口企业综合竞争力。四来可以推动蚌埠一类铁路口岸和二类水运口岸建设，升级建设成为综合保税区，谋划开通“蚌新欧”国际班列，规划建设航空口岸，推进区域通关一体化改革，落实通关作业一体化。五来可以鼓励周边丰原集团、中粮生化、中恒新材料、玻璃设计院等骨干企业进一步拓展营销渠道，扩大农产品、矿产品、油品等进口规模，实现大宗商品进口常态化。

将国外先进经验与我国国情相结合，减少我们在物流园区的建设中走的弯路。航空物流由于其所处环境和从事业务比较特殊，因此在选址和布局时所考虑时，我们要结合国内外发展经验与皖北地区的实际情况，切实完成一套符合皖北本地区发展的航空港项目。

3. 航空港产业园建设有助于皖北农业现代化大步伐迈进

近年来，皖北各地市都十分重视现代农业产业化发展。宿州、亳州、阜阳等地市都取得了良好的成绩。如 2015 年宿州市农业产业化完成全市规模以上农产品加工企业完成加工产值 922.4 亿元，增幅 14.3%，高于全省平均水平 3.9 个百分点。实现全省增幅第 1、总量第 3、综合排名第 1 的好成绩，提前完成了市政府年初制定的农业产业化工作目标。再如淮北十分重视现代生态农业产业化发展，通过实施品牌粮食战略，开展粮食绿色高产攻关，创建粮食产业联合体，加强品牌市场营销，不断夯实品牌质量基础，推动了通用粮食向专用品牌粮食的转型升级。2015 年阜阳市不断加大农业科技创新力度，推进农业科技成果转化。农业科技创新成效明显。全市已有国家、集体、民营农业科研机构 100 多个，市县乡农业科研、推广机构 284 个。

2015年全市粮食总产量达570.3万吨，比上年增长4%。特色农业加速发展，果蔬、中药材、花卉苗木等经济作物生产设施化、标准化、规模化、品牌化、市场化、效益化步伐进一步加快，带动农民增收效果明显。亳州全市农业科技示范基地已达到45处，农业科技示范园16家。引领企业按照“龙头企业＋基地＋合作社＋农户”的发展模式，加强了农民、乡村、企业、科研单位的紧密联系，建立了定点服务与动态服务相结合、研究开发与基层推广相结合、高层专家与实用型人才相结合、发挥专家优势与基层组织推动相结合的农业科技服务人才体系。

整体来说，皖北地区各市始终围绕科技富民强区目标，力图走出一条现代农业发展道路。皖北地区是传统的农业地带，不仅要把培育农业科技型龙头企业作为提升农业科技创新能力的重要措施来抓，更重要的是，现代农业成果需要走出去，这离不开物流的支持。农业科技创新平台建设与现代新农业产业发展都需要水陆空三位一体的交通体系。这有助于更好地发挥皖北地区农业优势，真正建立推出去走进来的便捷通道。

4. 航空港产业园建设有助于淮河经济带功能性振兴发展

淮河是重要的水运交通廊道，沿淮生态经济带规划将极大地提升淮河区域的内部合作联系，促进沿淮城镇群的交流合作，提高整体经济水平和竞争力。蚌埠地处淮河经济带的中心位置，区位优势显著。2015年安徽省发展与改革委员会在2015工作要点中特别提出要推动淮河生态经济带建设。淮河流域介于长江和黄河两流域之间，水系密布，纵横交错，跨越我国中东部5省40个地市，160个县（市），面积为27万平方公里，总人口为1.7亿人，是我国传统农业生产基地、矿产资源富集地、国家重要的交通走廊和中华文明重要发祥地，也是我国区域经济最具发展潜力的地区之一。蚌埠作为淮河经济带上的重点城市，是安徽省东向发展的重点城市，毗邻苏浙地区，区位优势显著。周围蚌宁高速、徐明高速四通八达。境内淮河横贯东西。空港产业园区的建设势必带动整个淮河经济带的产业发展。

蚌埠航空港产业园的建设有助于深入推进区域合作发展。强化蚌埠皖北中心城市辐射带动力，积极主动承接长三角、京津冀等东部沿海地区产业转移，协同带动皖北发展。有助于蚌埠积极推进淮河生态经济带建设，不断巩固提升核心城市群的辐射带动作用，紧抓国家发展内河水运政策机遇，依托蚌埠临港产业园建设发展，通过引江济淮工程的实施，打通淮河出海双通道。进一步地，提升淮河航运功能，带动沿淮、皖北各地市港口经济发展，扩大对外对内开放合作。未来航空产业园区各项交通设施建设及配套功能的形成将进一步强化蚌埠重要综合交通枢纽的优势和条件。主动融入长三角城市群和“一带一路”建设，推动重大基础设施互联互通，借助合肥作为长三角城市群副中心对沿淮城市群的辐射带动作用，促进合淮蚌发展带建设，使蚌埠成为对外开放合作的重要门户和长三角经济区向内陆辐射的重要节点。

三、皖北发展通用航空产业的机遇

1. “皖北振兴”和“淮河流域综合治理”带来的机遇

安徽省委省政府高度重视皖北地区发展，认为皖北地区是我省十分重要的经济区域板块，应采取措施大力推动皖北地区发展。安徽省委省政府相继出台2008《关于加快皖北和沿淮部分市县发展的若干政策意见》、2010《关于进一步加快皖北地区发展的若干意见》。2012年3月，省委省政府印发了《关于合作共建皖北现代产业园区的实施方案》(皖北发〔2012〕9号)，决定通过省内发达地区参与共建模式在皖北地区合作共建“三个现代产业园区（省级)”和“四个县域现代产业园区”。2013年安徽省委省政府决定建设皖北工业化城镇化农业现代化（三化）协调发展示范区。2014年省委省政府又出台了新的《关于促进皖北地区又好又快发展的指导意见》，提出了一系列重大改革和支持政策。一系列的皖北振兴计划政策的实施出台，为蚌埠航空产业发展提供了新的机遇。

新一轮治淮工程启动，引江济淮、淮水北调工程实施，多年来困扰皖北地区的淮河水患问题将得到极大程度的遏制，淮河的航运功能将得到很大的提升，淮河实现通江达海，成为推动皖北发展的黄金水道。国家大的交通格局和条件持续改善，皖北区位优势进一步凸显。随着2015年京福高铁通车、商合杭高铁动工建设以及京九高铁等开工建设，皖北地区加入中国高铁版图，全面进入高铁时代，可进入性大大改善。随着国家加大公路建设力度，不断完善路网结构，这些都将为皖北地区发展带来新的机遇。

2.“创新型试点省”和“合芜蚌创新实验区”建设机遇

科技部已同意《安徽省创新型省份建设方案》，标志着我省继江苏之后成为全国第二个开展创新型省份建设试点工作的省份。开展创新型省份建设，是科技部做出的在区域层面推动实施创新驱动发展战略的重大决策，是加快建设创新型国家的重要组成部分，对加快建设创新安徽、推动安徽省自主创新迈出更大步伐具有里程碑式意义。近年来，省委省政府高度重视自主创新工作，做出了“建设创新安徽、推动转型升级”的战略部署，积极探索区域创新发展道路，安徽省创新能力显著增强，创新产业蓬勃发展，创新人才加速集聚，创新型安徽建设取得初步成效。

充分利用建设创新型试点省和合芜蚌自主创新综合试验区等政策平台和重大建设项目布局，紧紧抓住参与长三角区域合作、产业转移的有利契机，通过航空产业培育、传统产业升级改造和转变增长方式，蚌埠有望将航空产业园做大做强。

3.航空产业迎来新的发展机遇

国家层面重视民航运输业务发展。国务院下发的《关于促进民航业发展的若干意见》(国发〔2012〕24号，以下简称《意见》)等政策支持文件为玉林临空经济区的发展提供了指导依据和政策机遇。《意见》提出要大力推动航空经济发展。通过民航业科学发展促进产业结构调整升级，带动区域经济发展。鼓励各地区结合自身条件和特点，研究发展航空客货运输、通用航空、航空制造与维修、航空金融、航空旅游、航空物流和依托航空运输的高附加值产品制造业，打造航空经济产业链。蚌埠可以借助我国要大力支持发展航空经济的相关优惠政策，开发蚌埠自身独特的航空经济发展路线，打造蚌埠航空经济品牌，带动区域经济发展。

民航运输业快速发展提供外部动力。根据民航运输产业生命周期判断，我国民航运输业目前处于高速成长期，将为蚌埠的航空运输发展带来更多的机遇。同时，我国及全球均在积极建设和发展临空经济，依托机场建设和发展的临空经济已经成为推动产业转型升级、拓展城市发展空间、提升城市竞争力的基本趋势。截至 2015 年，我国共有 62 个城市先后提出 63 个临空经济区的规划与设想。机场周边及邻近区域，已越来越成为特色经济、优势产业尤其是新兴产业的聚集区域，形成了航空核心产业、航空关联产业和航空引致产业等类型的航空经济。李家祥前局长指出，航空经济已成为区域经济发展的引擎。皖北应抓住机场建设机遇，依托机场发展航空产业，成为国内带动产业转型升级、提升城市竞争力的典范。

第五篇

安徽皖北双创事业发展及南北合作园区

第十三章 安徽皖北双创专题调研*

推进大众创业、万众创新，是发展的动力之源，也是富民之道、公平之计、强国之策。为深入贯彻创新发展理念，实施创新驱动发展战略，营造更好的创业创新环境，激发大众创业、万众创新热情和活力，皖北经济发展2016年蚌埠年会确立了“创业、创新”的主题。在年会召开前夕，省工业经济联合会、省经信委、省科技厅、省皖北办、皖北发展研究院和省经济研究院等有关同志赴亳州、蚌埠、淮南等地开展了专题调研，并对阜阳、宿州、淮北3市提供的书面材料进行了梳理，在此基础上形成如下调研报告。

第一节 皖北地区创新创业推进情况

近年来，皖北各市认真贯彻落实党中央、国务院和省委省政府战略部署，扎实推进大众创业、万众创新工作，大力推动平台载体建设，加快市场主体培育，增强要素资源保障，破解体制机制障碍，创业创新取得了明显成效。

一、发展成效

目前，皖北各地创业创新活动日趋活跃，成果不断涌现。大众创业、万众创新逐步成为皖北地区经济社会发展的新引擎、扩大就业的高效途径、实现跨越式发展的重要抓手、转型升级发展的有效支撑。

---

* 本调研由省工业经济联合会组织，省皖北研究院和省经济研究院合作完成，省工业经济联合会有关专家参与了本章调研与撰写工作。

1. 促进新产业新业态加速发展。在大众创业、万众创新指引下，皖北各地的新技术、新产品、新业态快速成长。蚌埠市硅基新材料集聚发展基地的新型显示、太阳能电池、特种玻璃产业体系加速形成，2016年前7个月硅基新材料产业规模同比增长20%。阜阳市太和现代医药产业集聚发展基地的现代医药产业产值2016年上半年增长达29.1%。亳州市谯城现代中药产业集聚发展基地2015年引入药企30家，其中全国500强企业2家，行业排名前10强企业4家。民营经济快速发展，前7个月蚌埠市规模以上民营工业企业对规模以上工业增长、税收贡献率分别达到105.2%和75%。在新产业、新业态高速增长的有力支撑下，2016年上半年皖北地区GDP增长8.1%，增幅比一季度、上年全年、上年同期分别高0.2、0.3和1.7个百分点，由上年同期比全省低2.2个百分点收窄为低0.5个百分点。

2. 带动经济结构优化升级。随着新技术、新产业加速崛起，皖北各市经济结构不断优化，发展质量持续改善。2016年上半年，皖北各市实现战略性新兴产业产值958.7亿元，增长23.4%，增幅比全省高6.4个百分点，占全部规模以上工业产值比重由上年同期的19.3%提高到20.4%，其中阜阳、宿州、蚌埠3市分别增长37.9%、36%和28.4%，居全省前3位。蚌埠、宿州2市高新技术产业增加值分别增长23.5%和19.2%，居全省第2位和第4位。截至2015年底，皖北地区高新企业数达到538家，占全省比重达到17%。

3. 改善就业和促进居民增收。大众创业、万众创新有力地改善了皖北地区的民生状况。淮南市“创业淮南行动计划”直接扶持1979人创业，带动就业近6000人，全市24个创业平台入驻企业202家，解决了4610人就业问题。蚌埠市民营经济吸收全市城镇就业人数占80%以上，淮北市民营经济新增就业人数占全社会新增就业人数的90%以上。随着就业状况不断改善，皖北地区居民收入水平显著提高，今年上半年蚌埠、阜阳、亳州城镇常住居民人均可支配收入增速快于全省，分别增长9.6%、9.1%和9%，其中蚌埠市居全省第3位。蚌埠、阜阳、亳州农村常住居民人均可支配收入分别增长10.2%、10.1%和9.7%，增速快也于全省，其中蚌埠、阜阳居全省前2位。

二、主要做法

上述成效的取得，得益于各地高度重视、大力扶持创业创新工作。从调研情况看，皖北各地在大众创业、万众创新中开展了积极的探索，形成了一些好的经验和好的做法。

1. 突出政策引导。皖北各市党委和政府积极出台扶持政策，优化“双创”发展环境。蚌埠市印发了《蚌埠市促进自主创新政策》《关于发展众创空间推进大众创新创业的实施意见》等一系列政策措施，制定“1+2+N”产业扶持政策，统筹安排工业强市、自主创新等专项资金，设立产业引导基金、天使投资基金等支持创业创新发展。亳州市制定了《亳州互联网+创业示范园（筑梦社区）的政策意见（暂行)》等政策，开展“亳州老乡，请你回家”活动，以市委和政府主要领导名义发出“致亳州老乡的一封家书”，为回乡人士提供创业创新优惠政策和便利条件。阜阳市积极落实高新技术企业税费优惠政策，2015 年度全市高新技术企业共减免所得税 4793.67 万元。

2. 突出集聚发展。皖北各市加快产业集聚步伐，积极推进战略性新兴产业集聚发展基地申报和建设，亳州谯城经开区现代中药产业集聚发展基地、蚌埠硅基新材料产业园硅基新材料集聚发展基地、阜阳太和经开区现代医药产业集聚发展基地、淮南市高新技术产业开发区大数据产业集聚发展基地、淮北市濉溪经济开发区铝基高端金属材料产业集聚发展基地、宿州市高新技术产业开发区云计算产业集聚发展基地等获批为省级战略性新兴产业集聚发展基地。蚌埠市以“六个一”工作保障体系强化战略性产业新基地创建，率先启动生物制造、专用电子器件、智能装备制造等 3 个市级基地建设。阜阳市围绕基地突破年活动，大力推进战略性产业新基地发展，示范带动作用显现。

3. 突出载体建设。皖北各市积极加大科技研发平台建设，目前阜阳、淮南、宿州、亳州、淮北省级及以上工程技术研究中心分别达 25、27、12、17、18 家。蚌埠发挥科研院所集聚优势，创建浮法玻璃新技术国家重点实验室等 7 个国家级研发中心，省级研发平台突破 100 个。同时，各地突出科技中介和众创空间建设，大力构建多层次小微企业孵化平台。亳州、淮南拥有小微企业创业基地 8 家和 6 家，蚌埠小企业创业基地和产业集群专业镇总数达到 20 个，阜阳市拥有生产力促进中心 8 家。淮北市科技企业孵化器面积达 2.7 万平方米，还有 4 个、7000 平方米新型孵化器在建。

4. 突出主体培育。皖北地区通过不断优化政策环境，大力培育创业创新主体。阜阳市完善高新技术产业发展工作机制，多次召开协调会、培训指导会，推动高新技术企业培育和认定工作，2015 年高新技术培育企业达到 84 家，增幅居全省第 1 位。2015 年亳州市新增个体工商户、新增私营企业分别增长 10.6％、36.7％。2016 年前 7 个月，蚌埠市民营经济市场主体达 15.2 万户，其中私营企业、个体工商户较上年年底分别新增 25％、11％；淮南市新增民营企业、新增个体工商户分别同比增长 44.4％、29.6％。

5. 突出人才引育。皖北各地发挥人力资源优势，加大人才“引育”工作力度。蚌埠市开展优秀民营企业家培训，加快合芜蚌人才金港建设，积极打造“双创”人才高地，新入选省战略性新兴产业领军人才达 20 人。宿州市扎实推进“十百千万”人才工程，实施“名企名牌名家”“宿州英才”“明日之星”“创业能手”等专项培养计划。阜阳市实施高层次领军人才创新创业建设、产业创新团队建设等十项重点工程，开发人才资源，扩大人才规模。淮南市扎实推进“国家中等职业教育改革发展示范校”和“国家高技能人才培训基地”建设，自上年以来，新增专业技术人才 11000 余人，培养高技能人才 13260 人。

三、典型案例

各地在创业创新工作推进过程中也积累了丰富的实践经验，探索出了一些可供参考和借鉴的经验案例。

1. 蚌埠市“WM 众创智慧谷”。蚌埠市“WM 众创智慧谷”应用“保姆式服务＋创业导师＋持股孵化”的创新模式，结合创始人方雯的创业经历，借鉴其在德资企业担任总经理的经验，搭建了“一站式服务、公共技术、公共财物管理、公共人力资源、公共投融资、公共法律、公共智慧网络、新媒体推广”八大标准化服务平台，打造“校园创业基地＋WM众创智慧谷＋江淮创业学院＋创业投资基金”的创新创业全生态链，提供包括免费的办公场地、创业导师及培训、技术开发、工商注册、财务、法律、人事招聘、投融资、纵深行业资源等深度服务，被认定为首批国家级众创空间。目前园区在孵企业58家，项目涉及“互联网＋”便民服务、高科技成果转化及精准扶贫农业三方面。

2. 淮南市“江淮云、智慧谷”。淮南市“江淮云、智慧谷”众创空间主要发展大数据、云计算、移动互联网、电子商务、卫星应用、呼叫中心、文化创意、软硬件开发等产业，重点打造大数据等新一代信息技术产业。依托高等院校、科研单位和产学研机构，以各类企业为主体，以研发中心、服务中心和展示中心三个功能区为载体，构建了集技术研发、成果转化、企业孵化于一体的公共服务平台。目前已注册入驻企业超200家，主要有深圳达实、科大讯飞、中国铁塔淮南分公司、图联科技、南乡子大数据等，形成了安徽视频云运营基地、卫星应用产业园、阿里巴巴淮南运营中心、呼叫云运营中心等产业基地。自2014年试运营以来，实现销售收入超15亿元，带动8000余人就业。

3. 亳州市“互联网＋创业示范园”。亳州市“互联网＋创业示范园”（筑梦空间）是亳州市重点打造的“互联网＋”产业园区。园区借鉴杭州“梦想小镇”成功运作的先进经验，按照集群化、规模化发展的原则，整合“互联网＋”产业资源，构建完整的“互联网＋”创业生态链条，打造集网商办公、“互联网＋”服务、人才培训、金融服务、企业孵化于一体的综合性产业园区。园区规划建筑面积4万平方米，一期2.5万平方米已投入使用。入园企业核准后可享受3年免租和60％的物业能耗补贴、申请累计30万元/3年商业贴息贷款、创业者公寓、人才租房补助等优惠政策。目前，已与新华网（创客大学）、南京龙渊、养生花语等知名互联网企业签约，入驻企业达82家。

4. 宿州市高新区电商产业园。宿州市高新区电商产业园依托高新区优质云计算资源，积极构建网商、网货、设计、加工、物流、融资、培训等特色优势产业电商交易平台，完善电子商务产业链，提供网上交易、产品追溯、物流配送、产品及企业线上线下互动交流推广等一体化智慧全供应链服务。园区配套云计算研究院、市电子商务协会、云计算产业协会三个产业支撑平台，联合甲骨文公司，引进复旦大学计算机学院、同济大学信息学院、中国科技大学等10所高校人才支撑平台发展。目前大批企业签约入驻，亿赞普、中国网库、小马科技等已正式上线运营。

5. 淮北铝基新材料产业集聚基地。自2013年省科技厅认定批准濉溪铝基新材料高新技术产业基地以来，淮北市依托该基地，先后与合肥工业大学、北京科技大学、广东有色金属研究院等高校院所建立产学研合作关系，组建多家省、市级铝箔、铝复合材料工程技术中心，推进省级铝基新材料高新技术产业基地创新发展，在美信铝业、华中天力铝业等骨干高新技术企业的带动下，积极引进和发展上下游产业，产业集聚度进一步提升。目前已基本形成了高精铝板带箔、汽车摩托车零配件、再生铝以及高端装备铝材研发等较为完整的产业链条，“十三五”末有望达到产值300亿元至500亿元的产业规模，基地将成为引领淮北市产业转型升级和推动产业创新的重要力量。

6. 阜阳清华-新方尊循环经济科技基地。2013年，清华大学聂刚教授返乡创业，组织国家千人计划融亦鸣教授、中国多孔材料协会主席李言祥教授等12名高端人才在界首市成立“清华-新方尊循环经济科技基地”，致力于引进清华大学先进技术，已成功引入泡沫铝材料制作技术、特种陶瓷新材料等多个优质技术项目。针对皖北地区急需先进技术和科技人才问题，新方尊依托清华优势资源，不断引进科技人才、团队和优质项目与阜阳市企业和各类资源对接，探索出“创新工场”模式，吸引一批高校学生返乡创业，走实现科技创新与回报家乡相结合的新路子。

第二节　问题与建议

当前，正是皖北快速发展的关键时期；同时，皖北经济社会发展也将面临巨大挑战。一是世界经济在深度调整中曲折复苏，不稳定性和不确定性明显增加，国际经济形势对国内经济及社会发展必然形成直接影响。二是全球能源战略博弈加剧，国际能源、资源价格波动加大，皖北地区传统能源产业的优势地位面临巨大挑战，并已经形成压力。三是皖北地区整体经济规模较小，人口密度高，工业化程度低，产业结构不合理，创新能力弱，经济发展不平衡，贫困人口基数大和皖北人民亟须富裕等现实差距进一步显著。四是创业就业服务体系不健全，社会事业发展水平不高，财政保运转压力较大，发展紧迫，任务繁重而艰巨。五是大气、水、土壤等生态保护压力进一步增强，生态环境脆弱，碳排放约束、节能环保压力进一步加大，经济发展方式较为粗放，仍处在土地、劳动、投资等要素驱动阶段，资源环境约束加剧。

加快皖北振兴是事关全省发展大局的战略性任务。在新形势下，皖北地区要抓住工业化追赶期和新技术产业化突破窗口期交汇的历史机遇，抓住国家强力扶贫攻坚的政策机会，继续奋发进取，以发展为第一要务，全力推进改革创新，进一步激发内生动力，推动经济社会又好又快发展。皖北地区落实国家及省相关的政策支持，也必须坚定不移地走“创新创业”之路，通过结构性调整和新兴产业培育，促进区域经济增长。总之，要把“创新创业”的要求贯穿于皖北地区经济社会发展的全过程，充分落实在科学发展、跨越发展、全民创业的实践中，才能发挥后发优势，实现“后发崛起、全面融入”的区域经济社会发展目标。

1. 把“创新创业”落实在增强区域经济实力上。增强区域经济实力，实现又好又快发展，是皖北地区一切工作的重中之重。要从实际出发，发挥比较优势，形成拳头和势头，夯实发展的物质基础。

一是创新理念，大力发展现代工业。“以技术创新为核心，带动理念、体制、机制的全面创新”，要积极发展对环境影响少、科技含量高、产业关联度大、符合结构调整要求的工业企业。“用创新理念引导传统产业升级”，要以提高自主创新能力为核心，推动产品结构调整，加快开发新技术、新产品、新业态，着力培育品牌，提高企业竞争力。

把创新和改革开放结合起来，以改革开放促创新，深化对外经济合作，着力构建开放型经济新体制，提升开放型经济竞争力，构筑产业创新高地，全面提升淮河生态经济走廊对外开放能力。要建立健全招商引资导向机制，创新方式，注重质量，充分发挥新城区、工业园区、南北合作园区的招商引资平台作用，引进更多综合实力强、经济效益好、符合环保要求的新项目落户皖北。

二是创新强农，大力发展现代生态农业。根据《安徽省主体功能区规划》，皖北部分城镇化地区确定为省重点开发区域，大部分地区确定为农产品主产区，体现了国家实施中原经济区规划的战略要求，以及省委省政府支持皖北“四化”同步发展的战略部署；用工业化、互联网、物联网等思维谋划农业发展，以市场为导向，做深做强做优中药材、瓜果蔬菜、牛羊肉等农牧产业发展，抓住健康产业发展机遇，做好农产品深加工，提高农产品附加值，加快形成以优质、高效、生态、安全为目标的现代农业产业体系。

三是创新机制，大力发展文化旅游。皖北地区文化资源丰富，人口基数大，旅游资源和市场开发潜力巨大。要充分利用历史名人、战争文化、淮河先祖等文化资源优势，进一步发掘生态文化，加大旅游招商引资力度，把发展旅游业与实施淮河流域整治工程、历史文化遗迹保护、湿地、农庄、农家乐开发等有机结合起来，使旅游业成为皖北新的经济增长点。政府要积极推动旅游业发展，通过结对合作，点对点扶持，对旅游基础设施投入、旅游人才等方面加大支持力度，全面推进皖北旅游业发展。

2. 把“创新创业”落实在推进城乡统筹发展上。皖北人口基数大，城乡整体发展相对缓慢，存在整体和结构性不强不优等问题。必须有效衔接国家发展战略，从区域均衡发展、城乡综合协调发展的实际出发，强基固本。

一是统筹城乡产业发展。以提高产业的市场竞争力为核心，以发展高效生态农业、先进制造业和现代服务业为导向，进一步明确区域产业发展方向，优化产业布局，加快中心镇和特色镇发展，坚持工业兴城、兴镇，积极发展服务业，吸引更多的农民进城创业和就地创业，吸收更多大学生、返乡人员创业。强化产城联动，推动产业功能与城市功能的有机结合，加快产业与城市融合步伐；有效推动人口向城区集中，工业向园区集中、土地向规模经营集中。促进农民从第一产业向第二产业、第三产业转移。

二是统筹城乡基础设施。按照城乡一体化发展理念，进一步做大做强中心城市，推动城市群建设。构建布局合理、功能互补、结构有序的城镇体系。在水、电、路、通信、广播、电视、网络等基础设施项目建设上，做到统筹规划，不断加大投入，提高城镇综合承载能力。促进公共设施向中心镇、永久居民点延伸，让更多的农民参与到社会创新创业大潮中，共享现代文明的成果。

三是统筹城乡社会保障。建立健全农村社会保障体系，让广大农民平等地享受市民的各种待遇。建立健全城乡统一的劳动就业服务体系，对吸纳农村劳动力就业的工商企业及组织，实行政策激励。支持农户自主创业，对低收入农户自主创办个体工商企业，实行政策优惠，对零就业的低收入农户实行免费培训，推荐就业。

四是贯彻《中国制造2025》和“互联网＋”行动计划。走新型工业化道路，科学确定各市（县）首位产业，坚持错位发展、差异发展、特色发展、绿色发展，按照企业主体、政府引导、市场运作的原则，突出企业创新主体地位，完善技术创新体系，重点围绕电子信息和家用电器、汽车和装备制造、材料和新材料、能源和新能源、食品医药、轻工纺织、现代服务业、文化产业等主导产业，统筹实施生产力布局调整，整合各种资源，做长产业链、做大产业群，推动产业集聚；积极发展民营经济力量，打造一批创新能力强、行业领先的大型龙头企业，培育一批知名品牌，构建产业配套协作体系，持续推进和培育壮大主导产业，加速形成具有国际竞争力的现代产业体系。

五是创新组织结构。推动农村土地承包经营权流转，培育新型农业经营主体。优化产品结构，适应市场需求变化，大力发展销售稳定、效益较好的农林牧渔业产品。调整产业结构，大力促进农村第一、第二、第三产业融合发展，拓宽农民就业渠道。要积极谋划皖北现代农业创新实验区，以“互联网＋”等新技术改造提升农业管理水平和农业综合效率，保证农产品安全，降低农业经营成本，提升农业综合效益，增加农民实际收入。

六是坚持促进创业带动就业。不断完善覆盖城乡的公共就业创业服务体系，细化落实创业优惠政策，强化创业服务平台建设，促进大众创业，万众创新。支持各类人员自主创业，推动更多社会成员开展实体创业和网上创业，支持和发展电商创业园等创业模式的建立。围绕经济转型升级，引导创业者发展现代农业、战略性新兴产业和现代服务业等领域，大力提高第三产业就业比重，扩大就业容量。

3. 把“创新创业”落实在皖北人才发展战略上。今后几年皖北要抓住振兴发展政策、产业结构型调整和创新驱动发展政策机遇。要多管齐下，着力解决皖北人才不优问题，加快人才工程建设。

一是发挥皖北人力资源优势，提升职业教育在皖北振兴中地位和作用。皖北地区每年新增劳动力约为 42 万人[①]，要结合皖北乃至周边城市产业发展要求，加大投入力度，建立完善多形式、多层次的职业技能培训体系，使劳动力进一步拓宽新视野，掌握新技术，实现劳动力素质和技能提升，加快素质红利形成和发挥作用。

二是要加快产业领军人才培养和提升。围绕本地产业和接续产业发展要求，加大高级人才工作力度，促进领军人才团队建设。

三是要加快智库建设和智库人才培养。要加快“经济新常态和皖北振兴发展”等问题研究，皖北产业转型有自己的特点，需要立足于产业链、价值链和产业集群角度加快皖北工业企业研究；如何看待“皖北缺水”，需要系统思考，进一步从产业发展定位、社会及技术利用等角度做好论证；皖北与其他区域融合发展、皖北如何做到统一要素市场等问题，都需要加快研究，形成支撑皖北各区发展的决策支持和统一对外声音。皖北各市要重点建设一批面向本地产业和经济社会发展智库人才，造就一支坚持正确政治方向、德才兼备、富于创新精神决策咨询队伍，要充分发挥智库咨政建言、舆论引导、社会服务等重要功能。

---

① 按照 2015 年安徽省人口统计公报出生率计算。

4. 把“创新创业”落实在创新创业环境塑造上。要有开拓进取的勇气、求真务实的作风、艰苦创业的精神。

一是要广大干部率先垂范。广大干部要努力成为创新创业的组织者、带头人，做人民群众脱贫致富的推动者、贴心人。要以人为本，做好创业引导。

二是要营造好的环境。要设计载体，做好宣传引导，让创业热情充分激发，让创业活力竞相迸发。要狠抓落实，做好创业示范。

三是要真抓实干。要增强干事创业的责任感和使命感，坚持以创新促创业、以创业求创新，精心谋事、潜心干事、专心做事，要上下直面矛盾、走进难题、知难而进，凝神聚力抓落实，全民创业促发展。

四是要转变政府职能。要把创业环境建设作为一项“永不竣工”的系统工程，切实转变政府职能，提高服务质量和水平。

附件：皖北各市高新技术企业及产业情况

	2015高新技术企业数（家）	2014年高新技术产业		2015年高新技术产业		2016年1—7月高新技术产业			
		增加值（亿元）	总产值（亿元）	增加值（亿元）	总产值（亿元）	增加值（亿元）	增速（%）	总产值（亿元）	增速（%）
淮　北	80	119	458.6	116.4	467.8	63	1.8	264.9	－3.3
亳　州	30	62.4	249.7	76.1	294.9	45.3	13.9	185.0	18.8
宿　州	62	34.7	138	44.6	181.2	30.5	20.1	128.6	20.1
蚌　埠	204	204.7	777.8	252.3	964.8	174.5	23.9	694.1	26.8
阜　阳	81	55.6	224.9	64.4	266	49.3	36	211.2	37.2
淮　南	81	32	121.4	23.7	98.4	11.5	3.9	53.3	2.8
皖北占全省比重	17%	15.1%	14.6%	15.7%	14.8%	16.9%	—	15.6%	—

第十四章　皖北南北合作园区发展

南北合作共建园区是我省推动皖北发展的重要平台和载体，也是我省南北结对合作工作十分重要的抓手。合作共建的五年来，通过各方共同努力，共建园区可以说取得了非常显著的成绩。2016 年，省委省政府又出台了《关于进一步推动南北合作共建现代产业园区的意见》(皖办发〔2016〕66 号)，进一步明确了支持共建园区的相关政策，继续加大对共建园区的扶持力度。

一、五年的辛勤工作为南北合作共建园区打下坚实基础

自 2012 年省委省政府做出南北合作共建园区的决策部署以来，结对合作各方、省各有关部门把这项工作摆上重要位置，认真贯彻落实，积极创造条件，扎实推进各项工作，园区建设总体进展顺利，发展态势令人振奋，虽然目前在全省开发区的大盘子中，园区占比还不够高，但是不可小看，意义是深远的，并且已经取得重大阶段性成果。截至上年底，各共建园区已累计征地 7.3 万亩，拆迁 314.3 万平方米，建成道路 179 公里、标准厂房 129.2 万平方米，完成固定资产投资 732.4 亿元；获批贷款 207 亿元，到账 99.3 亿元；成功引进项目 620 个，其中 10 亿元以上项目 58 个，亿元以上项目 482 个，协议总投资 2853.3 亿元，开工项目 348 个，招商引资到位资金 773.5 亿元，建成投产项目 165 个；累计实现财政收入 42.1 亿元，其中税收 28.4 亿元。这是一组骄人的数据，也是一份沉甸甸的园区建设成绩单。具体所取得的成绩可以概括为以下 6 个方面。

1. 综合实力明显增强。通过几年努力，园区的经济规模、产业结构、节约程度、环境保护、社会贡献和管理状况等方面都取得明显成效。共建园区数量不断增加，目前已批复 10 个园区并享受政策，其中

市域园区 3 个，县域园区 7 个；另外还有肥西明光、舒城包河、五河铜陵 3 个共建园区成功加挂牌子，不享受有关政策。列入统计的主要指标增速连续多年实现快速增长，增速都高于当地开发区增长水平。比如阜合园区，2016 年地区生产总值、工业总产值、财政收入与成立之初的 2012 年比，年均增长 55.2%、61.8%和 128.9%。

2. 规划管控逐步加强。各园区严格按照产城融合要求，坚持规划先行，高起点高标准开展园区总体规划、控制性详规、专项规划等编制工作，特别是阜合园区还正式编制了产业发展规划，规划的引领作用逐渐得到发挥。目前，前期批复成立的“3+4”共建园区规划体系均已基本形成并日趋完善，后期批复成立的临泉庐阳、泗县当涂、合肥高新区霍邱园区也正在紧锣密鼓地编制和报批园区各项规划。

3. 基础设施日臻完善。各园区坚持高品质建设、高强度投入，大力开展征地拆迁、给排水、电力、道路、污水、通信等配套基础设施建设，同时加强园区城市管理，着力营造设施齐全、整洁优美的投资环境，为项目落地、集聚人气夯实基础。比如宿马园区累计拆迁 135.5 万平方米，建成道路 45 公里，完成基础设施投资 95 亿元，园区面貌大为改观，发展空间得到持续拓展。临泉庐阳园区，虽起步晚，但基础设施建设力度大，已完成拆迁 17.3 万平方米。阜合园区借鉴合肥市城市管理经验，引入“花钱买服务”的市场化城市管理办法，提升园区城市管理水平。另外，各园区注重集聚整合人才、资金、信息等创新资源，加快建设工程技术中心、公共技术服务平台、企业技术中心等创新载体，推进了园区整体功能的提升。比如合肥高新区霍邱园区在筹建阶段就结合启动区的规划，提前谋划科技服务中心、双创孵化基地等创新载体建设。

4. 招商引资成效突出。各园区牢固树立“择商选资”理念，坚持错位发展，围绕园区主导产业和支柱产业及其产业链上下游，全力开展招大引强和项目建设工作。比如阜合园区制定了《关于开展全员招商工作意见》《关于进一步加强招商引资工作的暂行办法》等政策措施；亳芜园区通过规范招商活动、完善招商考核机制等，大力开展全员招商；宿马园区充分发挥与 29 个市直单位结对招商信息的资源优势，围绕园区主导产业链，依托食品（农产品）加工园、科技孵化器等6个招商平台，积极开展精准招商；凤宁园区在做好宣传推介的同时，充分利用落户企业的客户群、销售网来考察、洽谈业务的时机，开展更有针对性的招商引资活动；寿蜀园区充分依托合肥及蜀山区产业和招商资源，突出配套产业招商和联合招商；濉芜园区充分围绕汽车、摩托车零部件这一首位主导产业，深入挖掘产业发展潜力；蚌铜园区强化中小企业产业园集群招商，充分发掘园区内投资商的人脉及所属企业产业规模的优势，大力开展补链招商和延链招商；临庐园区奔赴各地举办招商推介会，充分发挥全国各地临泉商会和临泉人的作用，大力开展招商推介活动；泗县当涂园区建立完善标准化招商机制，实行定点招商和重点巡商相结合，实施精准招商。同时，各园区严把环保、节能等关口，确保引进园区的项目不仅数量多、单体投资规模大，而且产业结构层次和技术含量都逐步提高。中航江淮专用车底盘及车辆制造、欣奕华高新材料、中联重机农机、台玻、确成硅化“白炭黑”等一批牵引性强、影响力大的重大项目入驻园区。另外，各园区突出产业集聚，逐渐实现了特色发展。比如阜合园区逐步形成电子信息、汽车机械制造的产业集聚，亳芜园区形成装备制造、食品医药的产业集聚，宿马园区形成农产品深加工的产业集聚，凤宁园区形成硅基新材料的产业集聚，濉芜园区形成汽摩配的产业集聚，寿蜀园区形成家电配套产业集聚，蚌铜园区形成装备制造、新材料产业集聚，其他后期批复的园区也立足自身特点，着力推进园区积聚发展，集聚效应不断显现。

5. 合作机制逐步健全。皖江地区合作市县政府讲大局、重成效，在组织领导、人员配备、资金投入等方面给予共建园区强有力支持。截至上年底，援建方共投入共建园区投融资公司注册资本达32.9亿元。皖北合作市县积极策应、主动配合，大力推进园区建设，我们很多市都是把自己最好的地块拿出来与皖江城市共建，把优秀的干部特别是后备干部送到共建园区培养，形成了南北合作双方优势互补、共同推进的园区工作机制。同时，经过持续磨合，合作双方在园区建设中互相学习借鉴、启发促进，班子搭配更加科学，工作分工更加合理，健全了团结高效、配合默契的管理体制。

6. 发展环境不断优化。各园区牢固树立“亲商富商、以商为本”的理念，始终站在投资客商的角度想问题、办事情，建立了“一站式、保姆式”的亲商服务机制，形成了“全天候、全过程、全方位”的亲商服务体系。这方面很大一部分要归功于我们皖江地区的同志把这些亲商、安商、富商的理念引入了合作园区，皖北地区合作方虚心学习、善于运用，使合作园区的安商营商环境加速形成，对外来客商的吸引力不断增强，打造出了良好的品牌。比如宿马园区实行项目专员首问负责制，建立“一站式受理、全程跟踪、协调督办、高效便捷”服务保障机制；寿蜀园区推行领导包联和部门帮扶责任制，建立项目推进“十问”机制，为项目洽谈、拟建、开工、投产提供“一条龙”服务。

总的来看，南北共建园区已成为我省南北结对合作的主战场和皖北地区的靓丽名片，已经成为推动皖北地区加快发展的重要战略平台，为加快皖北振兴、促进全省区域协调发展做出了重要贡献。这些成绩的取得是省委省政府正确领导、科学决策的结果，更是共建双方、省直部门、园区干部共同努力的结果！

园区建设五年多来，省有关部门给予共建园区积极的支持和周到的服务。比如，省住建厅从园区实际出发，注重顶层设计，主动谋划提出把共建园区作为省级特别政策区，并在《皖北城镇体系规划（2015—2030年）》《合肥都市圈城镇体系规划（2015—2030年）》中予以明确，从根本上解决了共建园区规划建设合法性问题，为园区建设发展奠定了坚实的基础。省财政厅和省信用担保集团精心调度资金，每年都及时将支持资金投入园区，很好地保障了园区建设资金需要。省国土厅高度关心园区发展，积极开通绿色通道，及时为园区重大项目解决建设用地指标。省委组织部坚持以人为本，从出台政策到出面协调，努力为援建干部消除后顾之忧。正是省有关部门的全力支持，为南北合作共建园区建设提供了非常好的发展环境。

援建方党委、政府一方面克服自身经济下行压力大、财政紧张等困难，每年真金白银给予共建园区鼎力支持；另一方面，为共建园区选派工作能力强、工作经验丰富的精干人才，为园区建设发展提供强大的智力支撑。

受援方党委、政府高度重视，主动对接，为共建园区提供最好的地段位置，安排最得力的干部，提供最便捷的服务。比如有的市专门安排一位市领导对口共建园区，负责协调共建园区相关事务。

还有援建干部，真可谓是抛家舍子、背井离乡，身赴皖北地区工作一线，为园区建设倾心尽力、艰苦奋斗，涌现出许多可歌可泣的优秀典型。比如，凤宁园区的杨岸峰同志，孩子年幼处于学习的关键时期，为了安心工作，举家搬迁到皖北，体现了扎根皖北、奉献皖北的坚定决心。再比如，阜阳合肥园区的李炳云、范毅明，濉溪芜湖园区的朱群、蚌埠铜陵园区的刘武等同志，五年前就来到园区工作，迄今仍然以饱满的热情坚守在工作岗位上。还有那些已经援建期满回去的同志，也在皖北大地上做出了令人感慨不已的奉献，比如亳州芜湖园区的首批援建干部王干劲同志，在园区建设紧要关头，一心扑在工作上，加之工作地点与家距离遥远，甚至错过了为老父亲送终的时刻，书写了新时代“好男儿忠孝不能两全”的悲壮；还有凤宁园区的首批援建干部童卫兴同志，妻子在宁国身患重病，仍然响应组织号召，毅然奔赴几百公里外的凤阳园区默默奉献。这样的事迹还有很多，不能一一列举。但是，这些援建干部的辛勤付出和努力奋斗，应当永远镌刻在加快皖北发展的丰碑上。

二、科学研判形势，坚定推进合作共建园区发展的信心和决心

中央和省经济工作会议深刻分析了我省面临的宏观环境，指出当前和今后一个时期，宏观经济发展环境依然复杂严峻。世界经济仍处于深刻调整阶段，不稳定、不确定因素较多，低增长、低投资、低贸易、低效率的特征短期内不会改变。我国经济结构调整正向纵深推进，产能过剩和需求结构升级并存，经济下行压力不减、金融风险上升。我省经济增长的新旧动力转换仍处于关键期和艰难期，实体经济生产经营困难仍在继续，回稳向好的基础还不牢固，市场主体投资意愿不强，民间投资增长依然乏力。皖北地区尽管总体发展态势良好，但发展不足、发展不优、发展不平衡的矛盾仍很明显，仍处于总量爬坡和

转型发展的双重阶段，任务艰巨。目前，合作共建园区除了政策落实的问题，偏紧的外部环境还给园区建设发展带来招商引资、筹措资金难度加大等挑战。对此我们必须有清醒的认识，做好应对严峻形势的思想准备。

当然，更要充分看到新形势下园区发展面临的新优势和新机遇。从宏观环境来看，国家继续加大积极财政政策实施力度，加大政策支持，促进中部地区崛起，不久前又出台了《中原城市群规划》，淮北、亳州、宿州、阜阳、蚌埠5市成功纳入规划范围，这为我们做好园区工作营造了有利的宏观发展环境。皖北地区是粮食主产区、扶贫开发重点片区和资源型城市转型地区，省政府对皖北的支持政策体系进一步完善，项目、资金、土地、人才等方面的支持力度持续加大。这些宏观政策导向对皖北发展总体非常有利。从皖北地区内部来看，皖北资源丰富、市场广阔，在全面深化改革中能够更好发挥后发优势、释放要素红利；皖北连南接北、承东启西，在东西双向对内对外开放中能够更好地发挥区位优势、开拓市场空间；皖北作为长江经济带、中原经济区和长三角一体化发展的重要组成部分，在国家区域发展战略实施中能够更好地发挥左右逢源的优势、广泛接受战略辐射；更重要的是，皖北经过多年的发展积累，已经迈上加快发展的平台，随着国家经济增长空间从东向西转移，随着淮河生态经济带、商合杭铁路、郑阜铁路等重大项目的建设，在经济发展新常态下完全可以营造经济增长新优势，实现更好更快发展。再从合作共建园区来看，省里已正式出台了新一轮支持共建园区的政策，从规划、管理体制、建设资金、建设用地、干部待遇和绩效考核等方面，进一步加以规范和明确，将为园区建设发展保驾护航；同时，在外部环境要素制约日趋紧张的背景下，省市县对各园区提供强有力的要素保障，使共建园区发展优势更加凸显，对外来资本、企业以及劳动力的吸引力日益增强；另外，随着园区大规模、高强度建设持续推进，各园区基础设施和功能配套不断完善，园区发展环境和整体形象日益提升，产业和人口集聚已经形成气候，品牌效应持续增强，为企业入驻、项目建设及实现园区良性发展奠定了坚实基础。可以说，在宏观外部环境偏紧的情况下，合作共建园区的政策优势、体制优势和后发优势却在加速释放，我们完全有理由对合作共建园区未来发展抱有坚定的信心和期待。

南北合作共建现代产业园区是省委省政府一项重要的战略部署，对加快皖北地区全面建成小康社会进程乃至全省区域协调发展具有重要意义。当前，机遇和挑战就摆在面前，我们任务艰巨，使命光荣。我们既要迎接挑战、破解难题，更要积极主动把握发展机遇，坚定加快发展的信心，不断创新理念和方法，全力推动园区发展再上新的台阶。

三、扭住关键环节，努力开创合作共建园区建设发展新局面

合作共建园区已顺利走过五年，过去的五年是极不平凡的五年。五年间，我们的共建园区从无到有，从小到大，大家凭着决心、勇气和汗水，硬是一步步把园区建设中遇到的困难攻克，把一个个不可能变成了令人赞叹的现实。2017 年是我们第二个共建期的起点。新的起点，意味着新的开始，我们要继往开来，让园区建设从有到优。下一步，需要共同做好以下重点工作。

第一，抓产业培育，在创新发展上下功夫。经过几年大规模建设，园区基础设施得到明显改观，加快培育主导产业已经成为最重要的任务。要进一步明确产业定位，立足于发挥比较优势，加快培育有竞争力、科技含量高的主导产业。要扎实推进供给侧结构性改革，深入实施高新技术企业培育行动，支持企业建设高水平研发机构，推动规模以上工业企业技改工作高水平、持续化、专业化。探索采用节能低碳环保技术，改造提升传统产业，积极构建环境友好的绿色工业体系。目前，各园区都规划提出了各自的主导产业，有的明确了一两个产业，有的提出了三五个产业。希望大家结合园区发展实际，充分论证园区的比较优势，合理确定园区主导产业和支柱产业，持之以恒加以培育，尽快打造具有竞争力的特色产业集群。比如阜合园区可以加快培育汽车机械制造的产业集群，亳芜、宿马园区加快培育食品医药和农产品深加工的产业集群，凤宁园区培育壮大硅基新材料产业集群。

第二，抓招商引资，在招大引强上下功夫。招商引资是园区经济

发展的重要举措和有效手段，要始终将招商引资作为园区发展的第一要务。没有招商引资的人马在外面主动出击，商招不来，园区就是空的。上年合作共建园区实现招商引资到位资金233.8亿元，同比增长11%。这在明显收紧的经济环境下十分来之不易，这与大家高度重视和倾力推进是密切相关的。下一步要进一步加大招商引资力度，力争在招大商、招好商上取得突破。一是突出招商重点。围绕各园区主导产业和支柱产业，聚焦省内外行业优势企业，筛选重点目标，开展精准招商，通过引进一批龙头企业和重大项目，以大企业和大项目带动园区产业集聚发展，真正抓住龙头产业去建设。比如阜合园区的江汽、欣奕华等项目还可大做文章，展开产业基地建设；宿马园区可把新的食品工业作为主导产业来招商，把食品（农产品）加工园做大做强；凤宁园区硅基产业可继续延伸，开拓国内和国际市场。二是优化招商方式。积极采取专业招商、以商招商、产业链招商等先进理念和方式，拓宽招商渠道，提高招商实效。三是统筹招商资源。充分利用合作共建的体制优势和资源优势，借助合作双方政府招商平台，统筹安排好招商资源，合力推进园区招商引资工作。四是创新招商机制。各园区要积极打造一支高效精干的专业招商队伍，创新服务模式，以高效的体制机制和优质的亲商服务来吸引外来投资。需要强调的是，无论何时园区都要坚持招商选资，严格把好招商引资的产出效益关、资源节约关和环境保护关，真正提高招商引资的质量和水平。

第三，抓载体建设，在提升配套水平上下功夫。产业园区是承接产业转移的重要载体和支撑条件，是招商引资环境竞争力的重要体现，筑好巢才能引来金凤凰。一是基础设施建设要高标准。当前各园区总体规划都已制定，在实际建设中园区建设的标准执行、质量控制得如何，是影响园区形象的关键。对于城市基础设施要坚持高标准、精细化建设，包括道路、绿化带、安置房、市政设施等，要布局合理，适当超前，美观大气。对于产业功能区内的标准厂房和配套设施，要兼顾美观和实用，严格按照规划建设，避免随意性改动，影响园区整体形象。二是服务设施和功能要配套完善。加强服务设施建设，大力发展现代物流、研发中心、金融保险、劳务中介、信息咨询等服务业，提高园区的综合服务功能。充分依靠市场力量，本着经济实用的原则，科学设计，分步实施，加快启动为园区配套的学校、医院、广场等公共设施建设。三是园区的生态建设要搞好。强化绿色发展理念，统筹运用污染治理、总量减排、结构优化、生态保护等方式，推进工业污染源全面达标排放，实现园区生活污水垃圾处理设施全覆盖和稳定运行，严格控制污染项目，做好园区绿化、美化、亮化和环卫管理工作，严格按照产城融合原则，争取建设园林式、生态型园区，切实提升园区的形象和吸引力，为工业项目的引进创造良好条件。

第四，抓政策落实，在强化服务保障上下功夫。合作共建现代园区是加快皖北地区发展的重要举措，事关皖北地区发展大局，需要相关各方强有力的服务保障。尽管结对合作双方政府和省有关部门给予园区很大的关心支持，但园区目前仍然面临不少难题，有的是与政策落实不到位相关的，制约了园区的建设发展。各有关方面务必进一步增强责任感和使命感，强化服务意识，确保既定政策坚决落实，真正形成支持园区发展工作合力。资金方面，省和各相关市县区对共建园区的年度出资都要及时到位。目前，少数园区的援建方出资没有完全到位，严重影响了园区发展。66 号文件中明确规定“对 2012—2016 年度援建方未落实的资金，由援建方提出整改落实意见并在 2 年内分期补充到位”，我们也于近期以领导小组文件对各园区共建资金落实情况进行了通报，信长星副书记亲自签发，要求认真抓好未到位资金落实。请大家务必进一步提高认识，确保资金落实到位。土地方面，目前反映较多的是县级园区土地指标打折扣、圈外独立选址土地指标偏多不适宜园区使用等。这些问题请国土部门继续予以重视和支持。援建干部待遇方面，总的来说，经多方努力，我们园区援建干部相关待遇问题都得到了比较好的解决。目前，66 号文件已出台，具体明确了援建干部援建期间及期满后相关待遇政策，基本上能解除了大家的后顾之忧，而关键就是很好落实政策的问题。规划方面，66 号文件明确提出将合作共建园区作为省级特别政策区，其规模在《皖北城镇体系规划（2015—2030 年）》《合肥都市圈城镇体系规划（2015—2030 年）》中予以明确。下一步，需要我们各园区及时组织相关规划编制并按程序报批，尽快解决园区规划问题，防止影响园区项目建设。目前，我们正在着手制定合作共建园区考核办法，以上相关政策落实情况也将作为考核内容，希望各园区认真抓好政策落实，相关部门做好服务保障工作，为园区建设发展创造良好条件。

第五，抓体制机制创新，在优化发展环境上下功夫。体制机制决定着一个园区发展进步的活力，决定着一个园区的创造力和竞争力。体制新、机制活则环境优、发展快。各园区必须发挥园区体制创新的引领作用。要紧紧依托皖北开放的后发优势，坚持向创新要效益，用创新的办法把自身潜力充分释放出来。要进一步理顺共建园区管理体制，不断优化机构设置，增创体制机制优势。要改进合作共建方式，探索利益共享机制，实现共同发展。要深化金融改革创新，有效破解资金制约。要优化工作流程，加强效能建设，进一步转变职能、改进作风，提高工作效率，营造良好的发展软环境。

第六，抓队伍建设，在提高队伍整体素质上下功夫。各园区的班子和工作人员是组织上精心选调、选派的，有着较高的素质和能力。这几年的工作业绩表明，这是一支特别能干事的队伍。我们要在此基础上继续努力，提高能力，提升水平。一是要进一步增强长远意识。在园区工作可能就短短几年时间，但是园区建设和发展是长期的、是需要可持续的。要多做打基础、利长远、惠后人的事情，防止急功近利。我们要科学规划基础设施建设，不断优化园区硬环境，给今后发展打下好的基础，不能前人建、后人拆，反复折腾。二是要进一步增强质量意识。进入园区的项目要严格把关筛选，低水平、有污染的项目一个不能要，建成的项目要能有良好发展前景，要成为新的增长点，要为产城一体、宜业宜居的现代化新城区持续发展做出贡献。三是要进一步增强节约意识。园区的每一项资源都非常宝贵、非常稀缺难得。特别是土地等资源，用完了就不好再生。园区的当家人要十分珍惜园区土地资源等，要精打细算、合理安排，不能粗放经营。要多留点地用于持续发展，多留点钱让后任花。四是要进一步增强创新意识。规划、建设、招商、融资、行政审批、征地拆迁、社会服务等工作，都面临许多新情况和新要求，我们要大胆创新，主动作为，破解瓶颈，不要总是等别人来解决。要在园区形成处处有创新、人人有创新、年年有创新的良好氛围，不断提升园区效率效能，开创新局面。五是要进一步增强奉献意识。在园区这样艰苦的地方工作，困难可以想象。但是既然我们选择到这来了，既然组织上派我们来了，我们就要有担当精神，扑下身子干几年，干出个样子，在园区的发展中实现个人价值，做出应有贡献。我们要始终牢记家人嘱托、组织嘱托，守住法律和纪律底线，坚持按规矩办事，坚持廉洁从政，要保证园区干部一个都不出事。希望园区领导同志参考这几条，加强干部教育，打造一支不怕苦、作风硬、本领强的工作团队。

推进合作共建园区建设、加快皖北振兴发展任重而道远，使命光荣而艰巨。我们要按照省委省政府的部署要求，扎实工作，务实苦干，力争在更高起点上推动共建园区建设取得更大成效。我们坚信：满怀着信心和希望，不懈地播撒心血和汗水，注定会迎来一个个硕果累累的金秋！最后，在新年即将到来之际，提前向同志们致以新年祝福，祝我们合作共建园区的明天更美好！

（资料来源：省皖北办专职副主任殷君伯于2017年1月13日在南北合作园区会议上讲话整理）

参考文献

[1] 郑莉，丰静，田婷．补链强基向“千亿硅基”迈进［N］．安徽日报，2016－06－01（005）．

[2] 何明．华能呼伦贝尔能源公司煤制烯烃业务发展战略研究［D］．呼和浩特：内蒙古大学，2012.

[3] 周晓东．力促安徽煤化工产业大发展［N］．江淮时报，2009－01－09（002）．

[4] 顾宗勤．中国现代煤化工产业进展［J］．煤炭加工与综合利用，2016（04）：1－4.

[5] 郑国锋．安徽阜阳市医药产业发展现状及对策［J］．西北药学杂志，2012（06）：587－589.

[6] 李国庆，董浩．把县域小特色升级到区域大特色——安徽太和经济开发区发展纪实［N］．中国县域经济报，2016－06－02（004）．

[7] 闫成建．科技创新支撑阜阳首位产业快速发展［J］．安徽科技，2014（11）：14－16.

[8] 李磊，赵丹丹．亳州市中药产业发展现状及对策［J］．现代农业科技，2014（08）：298－300.

[9] 卢宏．企业财务能力与外源融资渠道关系研究［D］．蚌埠：安徽财经大学，2016.

[10] 周静．亳州现代中药产业发展对策［D］．合肥：安徽大学，2011.

[11] 刘峥．基于产业集群的中药材现代物流体系构建研究——以亳州中药材产业为例［J］．阜阳师范学院学报：社会科学版，2016（02）：115－119.

[12] 安徽省人民政府办公厅．安徽省人民政府关于促进云计算创新发展培育信息产业新业态的实施意见［EB/OL］．http：//xxgk. ah. gov. cn/UserData/DocHtml/731/2015/9/14/460265894575. html，2015－09－14.

[13] 方贤文，王咪咪．安徽省云计算发展现状及相关对策［J］．电子商务，2014（07）：14－15.

[14] 何雪峰．宿州：云计算助力加速度崛起［N］．安徽日报，2014－12－15（002）．

[15] 吴永生．淮北市铝基产业基地建设驶入快车道［EB/OL］．http：//www. hbnews. net/xwsq/hbyw/2016/12/835647. shtml，2016－12－04.

[16] 李忠．皖北地区农产品加工业发展研究［D］．合肥：安徽农业大学，2013.

[17] 陈小川．关于促进沿淮及皖北地区现代农业发展的初步研究——以安徽为例［J］．劳动保障世界，2015（05）：53－55＋64.

[18] 王露．安徽农产品加工业发展现状分析［J］．科技创新与应用，2012（09）：225－226.

[19] 沈小平，李传福．创新型产业集群形成的影响因素与作用机制［J］．科技管理研究，2014，14：144－148.

[20] 陈洪涛．新兴产业发展中政府作用机制研究［D］．杭州：浙江大学，2009.

[21] 钱俊．南通市培育战略性新兴产业领军企业的问题与对策研究［D］．苏州：苏州大学，2013.

[22] 汪永安．安徽试点建设创新型省份［N］．安徽日报，2013－12－04001.

[23] 王冬月．东北地区装备制造业集群发展模式研究［D］．哈尔滨：哈尔滨理工大学，2012.

[24] 黄友兰，余颜．基于灰色关联度分析的电子信息产业集群综合竞争力提升研究——以重庆为例［J］．科技管理研究，2014，03：180－183＋196.

[25] 王文祥，史言信．我国光伏产业困境的形成：路径、机理与政策反思［J］．当代财经，2014，01：87－97.

[26] 冯超．中国通用航空发展空间与产业链［J］．中国流通经济，2014，05：117－121.

[27] 唐勇，张骁，周霞．广东省创新型产业集群发展现状、特征及对策建议［J］．科技管理研究，2016，01：114－118.

[28] 王霄宁，王轶．产业链视角下我国通用航空产业协同发展研究［J］．郑州航空工业管理学院学报，2016，02：1－4.

[29] 朱煜明，史丽丽，韩青叶．基于优势关系粗糙集方法的通用航空产业重点发展项目分类研究［J］．运筹与管理，2016，03：11－18＋25.

[30] 董坤祥，侯文华，甄杰，等．电子信息产业集群创新的系统动力学分析［J］．软科学，2016，09：5－10.

[31] 王琛，林初昇，戴世续．产业集群对技术创新的影响——以电子信息产业为例［J］．地理研究，2012，08：1375－1386.

[32] 张庆利．基于生态理论的电子信息产业集群演进路径研究［J］．改革与战略，2011，07：149－151.

[33] 高启明，金乾生．我国通用航空产业发展特征、关键问题及模式选择［J］．经济纵横，2013，04：98－102.

[34] 魏政，于冰清．我国光伏产业发展现状与对策探讨［J］．中外能源，2013，06：15－25.

[35] 贾根良．迎接第三次工业革命的关键在于发展模式的革命——我国光伏产业和机器人产业的案例研究与反思［J］．经济理论与经济管理，2013，05：13－22.

[36] 周维良．通用航空产业发展的区域差异分析［J］．当代经济，2015，07：26－30.

[37] 徐方．我国机器人产业现状分析与发展研判［J］．中国科学院院刊，2015，06：782－784.